WIENER KAFFEEHAUSFÜHRER

HANS VEIGL

Wiener Kaffee haus führer

K & S

*I*NHALT

NICHT DAHEIM
UND DOCH ZU HAUSE

Wiener Kaffeehäuser von A – Z

„Wenn man seinen Kaffee ausgetrunken
hat, so werden einem gewöhnlich zwei
Glas Wasser vorgesetzt, wobei man ruhig
noch längere Zeit beim Lesen von
Zeitungen verweilen kann."

KARL BAEDEKER,
Österreich-Ungarn. Handbuch für Reisende.
Leipzig 1910

*A*LT-*WIEN*

1., Bäckerstraße 9
Tel. 512 52 22
täglich 10 – 2 Uhr früh.

*Treffpunkt der Alternativszene, von
Nachtwandlern und ewig Junggebliebenen.
Mit kleinem, ganztägigem Speisenangebot
und vielen Getränken.*

Die unerträgliche Leichtigkeit des Seins

Man kennt einander aus dem Alt-Wien! Fluch und
Grund zugleich, einander am Tage nicht zu grüßen, im
hellen Sonnenschein die Geschehnisse der Nacht nicht
Realität werden zu lassen, sie vor deren Bewußtwer-
dung zu verschließen. Denn die Welt zerfällt in Tag
und Nacht, in Arbeit und anonyme Abenteuer, in Ange-
stelltenbewußtsein und Alt-Wien. Auch die einander
nicht kennen, empfinden dies lange schon als quälen-
de, fatale Verbundenheit, unfreiwillige Kumpanei, nur
locker verknüpft mit dem Band des Abscheus vor der
Welt draußen.
Das Durchschreiten des Windfanges geht mit rascher
Persönlichkeitsveränderung einher, und wer an der
Theke lediglich über Gott und die Welt Bescheid weiß,
wird rasch dialektisch übertrumpft, denn hier gilt es
Wichtigeres zu verkünden: die eigene Persönlichkeit.
Handgreiflichkeiten freilich sind selten.
Das Alt-Wien: Stätte lockerer Nicht-Beziehungen, Dorf-
platz, auf dem Dramen oder auch Karten gespielt wer-
den, wo die unerträgliche Leichtigkeit des Seins all-
abendlich prolongierbar ist und solipsistisches Wohlbe-
hagen sich betäubend ausbreitet wie Alkohol im leeren
Magen.
Es ist ein Wohnzimmer aus dem Substandardangebot,
trautes Heim einer Isolationshaft, warmer Herd in der
Intensivstation. Die Ventilation funktioniert nach dem
Einwegprinzip, die Stimmung ist stets gehoben, und
seit die politischen Poster von den eigenen leinentape-
zierten Wänden verschwunden sind, möchten die al-
tersgrauen Habitués der Studentenbewegung sie hier
nicht mehr missen.

Im Alt-Wien wird nicht politisiert, sondern in tieferen Kategorien gedacht: „Was ist der Unterschied zwischen einer MIG 21 und einer MIG 23", fragt der einstige Philosophiestudent Ludwig drohend, um sich schließlich selbst die Antwort zu geben („Drei"). Handgreiflichkeiten, wie gesagt, sind selten. Und auch auf das Alt-Wien trifft zu, was Alfred Polgar dereinst über das Café Central formuliert hat: Keiner verläßt es, den es nicht gezeichnet hätte.

*A*PPELFELD

Café-Espresso
9., Alserbachstraße 28
Tel. 34 34 92
täglich 6 - 21 Uhr.

Vorstadt-Café mit ganztägigem, kleinem Speisenangebot, zwei Boulevardzeitungen und Stammgästen der Umgebung.

Stammgast Findeis

Als 1903 das später so benannte Café Rundfunk in der Alserbachstraße seine Pforten dem Publikum öffnete, existierte schräg gegenüber bereits das kleine Vorstadtlokal der Henriette Merhulik. 1930 übernahm Sigmund Appelfeld, der zuvor im Café Bürger am Donaukanal Geschäftsführer gewesen war, dieses Kaffeehaus und heiratete in das benachbarte Eisgeschäft ein. So gelangte das Lokal nach dem Tod des Cafetiers in den Besitz der Familie Molin-Pradel, die es noch heute führt.
Zeit seines Lebens war Appelfeld Sozialdemokrat gewesen, und so sorgte er auch nach dem Verbot der Partei für die Verbreitung der illegal erscheinenden Arbeiter-Zeitung. Als 1934 nach einer Razzia in seinem Lokal Polizei und Heimwehrleute erfolglos abgezogen waren, kroch unter der von den Stammgästen frequentierten „großen Loge" ein kleiner, schmächtiger Mann hervor, der sich dort vor den Verfolgern versteckt gehalten

hatte: der spätere Wiener Bürgermeister und nachmalige österreichische Bundespräsident Franz Jonas.

„Die rechte Freude am Kaffeehaus hat nur der Stammgast", doch wer kein Stammgast ist, urteilte der Schriftsteller Otto Friedländer, „hat überall in Wien ein schweres Leben, aber man wird rasch Stammgast." Und als Sigmund Appelfeld sein Lokal eröffnete, fand sich ein solcher auch dort bald ein. Umsichtig baute er seine Vertrauensstellung aus, fast unbemerkt war er plötzlich vielbefragte Institution in allen Lebenslagen geworden. Ohne Stammgast Findeis lief keine Domino-Partie mehr richtig und fand keine Tarockrunde zusammen, ohne Stammgast Findeis keine Steuererklärung, Getränkebestellung, Lokalrenovierung, und ohne Stammgast Findeis' lenkende Hand trat auch die Kindererziehung auf der Stelle. Den täglichen Aufgaben des Lokales zugetan, gingen die politischen Erschütterungen der dreißiger Jahre an ihm vorbei und blieben vom Stammtisch ausgeschlossen. Frühmorgens im März 1938 zog dann, mit rechter Freude am Kaffeehaus, Stammgast Findeis seine SA-Uniform an und begab sich ins Café Appelfeld, um es zu arisieren.
Nach 1945 sah man ihn täglich im Café gegenüber. Findeis war dort unterdessen Stammgast geworden.

„Jetzt nach ihrer Arisierung mögen sich auch die neuen Besitzer dieser Gaststätten wieder auf die Sendung des guten, alten und vorbildlichen Wiener Kaffeehauses einstellen, wie sie hier geschichtlich aufgezeigt wurde. Das Dritte Reich hat mit dieser ihrer Befreiung von aufgepfropften fremden Elementen auch die verheißungsvolle Möglichkeit für eine neue Ära des Wiener Kaffeehauses geschaffen, in der die nicht mehr artfremden Besucher mit ihren Belangen wieder näher zusammenrücken werden."

Gustav Gugitz,
Das Wiener Kaffeehaus,
Wien 1940

BAUERNFELD

9., Liechtensteinstraße 42
Tel. 34 83 65
Montag bis Freitag 9 – 2 Uhr früh, Samstag,
Sonn- und Feiertage 14 – 2 Uhr früh.

*Am Bauernfeldplatz, zwischen
Liechtensteinstraße und Porzellangasse
gelegen, bietet es eine kleine Tageskarte,
hausgemachte Mehlspeisen, eine Musikbox
und im Halbstock vier Pool-Billardtische,
einen Fernseher sowie eine alles
dominierende Landschaftstapete.
Sonnenterrasse im ersten Stock.*

Wiener vom alten Schlag

Als in den frühen sechziger Jahren die Produktion von
pflegeleichtem Plastikmaterial im Schwange war, erhielt das Café Bauernfeld sein praktisches Interieur: ge-
nügsame Grünpflanzen zwischen kunststoffüberzoge-
nen Sitzbänken, eine Musikbox und ein Aquarium mit
ein, zwei stummen Fischen.
An den Wänden einige Reminiszenzen an Eduard Bauernfeld, der dem traditionsreichen Kaffeehaus seinen
Namen lieh. Um die Jahrhundertwende war das Lokal
eröffnet worden, 1919 führte es der Cafetier Johann
Wild, und natürlich kehrte der Dichter Heimito von
Doderer, von der Strudlhofstiege kommend und dem
„Brioni" zustrebend, oftmals hier ein.
Sein hohes Ansehen, noch über den Bauernfeldplatz
hinaus, verdankte das Lokal vor allem der Hochhaltung
der Lebensideale seines Namenspatrons. Dieser, ein
rechter Kaffeehaushabitué, rühmte in seinen Erinnerungen „Aus Alt- und Neu-Wien" sein längst ent-
schwundenes Stammlokal mit folgenden Worten: „Wirt
und Wirtin, stattliche Erscheinungen, hielten auf Ord-
nung, gute und rasche Bedienung, waren immer selbst
bei der Hand, legten dabei ein höchst freundliches und
zutrauliches Wesen an den Tag, ohne sich an- und auf-
zudrängen, es waren echte Bürgersleute vom alten guten Wiener Schlag. Daß sie aber für Schriftsteller und
Künstler eine besondere Achtung hegten, ihnen über-

mäßigen Respekt erwiesen, das war jedenfalls eine Wiener Ausnahme. Wir wurden wie eine Art höherer Wesen behandelt, man konnte es dem Wirte ansehen, wie schwer es ihm fiel, von uns Geld annehmen zu müssen." Diese wehmütigen, nachdenklich stimmenden Dichterworte mögen auch bewirkt haben, daß in einem tiefbewegten Kaffeesiederherzen dann der Gedanke entstand, fortan die eigene Erwerbsquelle nach diesem Menschenkenner zu benennen.

Eduard Bauernfeld berichtet uns auch, daß in nämlicher Runde oftmals Franz Grillparzer anwesend war, dem „stets die schlagendsten Witzworte in Bereitschaft standen". Von schlagender Art wäre gewiß des Dichterfürsten Reaktion auf Bauernfelds Erzählung vom geldscheuen Wirten gewesen, doch die Erwähnung Grillparzers führt uns bereits zu einem weiteren Kaffeehaus gleichen Namens und damit über die engere Lokalgeschichte des „Bauernfeld" hinaus.

*B*RÄUNERHOF

1., Stallburggasse 2
Tel. 512 38 93
Montag bis Freitag 7.30 – 20.30 Uhr,
Samstag 7.30 – 18 Uhr,
Sonn- und Feiertage 10 – 18 Uhr.

Innenstadt-Café mit zahlreichen Konzert- und Literaturveranstaltungen, vielen in- und ausländischen Zeitungen, warmer Küche um die Mittagszeit und Wiener Mehlspeisen. An Samstagen, Sonn- und Feiertagen von 15 – 18 Uhr Konzertmusik.

Erregung im Bräunerhof

„Ich war *tatsächlich traurig*, und ich war in dieser Traurigkeit in die Stadt gelaufen, auf den Graben, auf die Kärntner Straße, auf den Kohlmarkt, in die Spiegelgasse, in das *Bräunerhof*, wo ich, meiner jahrelangen Gewohnheit gehorchend, den *Corriere, Le Monde* und die *Zürcher Zeitung* sowie die *Frankfurter* durchgeschaut habe, um dann, von diesen schamlosen Blättern angewidert, wieder auf den Graben zu gehen, um mir eine Krawatte zu kaufen...", liest man in Thomas Bernhards Buch „Holzfällen. Eine Erregung". Und damit ist im Grunde alles gesagt über den Dichter und das Café Bräunerhof. Ein Lokal mit Ober der alten Schule und kleinen Nischen, in denen man die zahlreich aufliegenden Zeitungen und Zeitschriften ungestört lesen kann. Studenten, Dichter und Schauspieler, Antiquitätenhändler und sonstige Dorotheumsbesucher bevölkern während der kärglich bemessenen Öffnungszeiten das Lokal.

In das Haus Stallburggasse 2 war noch vor dem Ersten Weltkrieg Alfred Polgar eingezogen, Hugo von Hofmannsthal hatte hier sein Stadtquartier aufgeschlagen, Mieter waren auch die Operndiva Maria Jeritza, der Ständestaatpolitiker Engelbert Dollfuß und Wittgensteins Neffe Paul. Sie alle saßen im Café Bräunerhof. Jeder an einem anderen Tisch.

B*RIONI*

9., Julius-Tandler-Platz 1
Tel. 34 74 00
Montag bis Freitag 8 – 22 Uhr,
Samstag, Sonn- und Feiertage geschlossen.

Bahnhofs-Café ohne dessen übliches Kolorit, mit warmen Speisen und gemütlichem Interieur. Schauplatz der „Doderer-Tage".

Rund um die Strudlhofstiege

1913 von Theodor und Therese Krassl eröffnet, befindet sich das Kaffeehaus beim Franz-Josefs-Bahnhof seit nunmehr siebzig Jahren im Besitz der Familie Kirchhofer. „Schon damals bestand unser Stammpublikum vorwiegend aus Beamten, Ärzten und Künstlern", erinnert sich Gerhard Kirchhofer, der das Lokal seit 1980 leitet, „Spielercafé war es nie."

Stammgäste des „Brioni" waren unter anderem der Kabarettist Maxi Böhm, Verhaltensforscher Otto Koenig und Kammersänger Julius Patzak. Der Hamburger Hans Albers saß 1956, nach einer Hauptmann-Premiere, gemeinsam mit Annemarie Düringer und Gottfried Reinhardt in diesem Café und schrieb enthaltsam ins Gästebuch: „Vor Ostern und ‚Vor Sonnenuntergang' sitzen wir hier und freuen uns bei Debrezinern!" Und wenige Seiten später findet sich die Eintragung: „Im lieben Café Brioni – immer wieder kehre ich gern dahin zurück! Heimito Doderer, am 24. September 60".

Im Café Brioni auf dem einstigen Althanplatz weilte der Dichter oft und gern, und in seiner 1951 erschienenen „Strudlhofstiege" verknüpfte er immer wieder die Handlungsbögen derart, daß sie gleichsam von allein zu diesem Ort zurückkehren. Schon im Sommer 1933 notierte Doderer: „Ich irre in der Gegend des Althanplatzes. Daß sie für mich noch etwas bedeuten würde, einmal, das wußte ich schon lange." Hier in Lichtental, am Platz vor dem „böhmischen Bahnhof", wo die „Kästen aus der sogenannten Gründerzeit" diesen noch immer umstehen, auf Nummer 6 wohnte Doderer einmal kurzfristig, die darunterliegende Wohnung wird dann im Roman von der Familie Siebenschein besiedelt werden. In unmittelbarer Nähe des Platzes bezog der Rittmeister Eulenfeld sein Quartier, nahe dem Café Zum Franz-Josefs-Bahnhof, in dem die Hausmeister Wöss und Hawelka, kartenspielend und Parteien kontrollierend, täglich saßen. Bis 1976 existierte dieses Kaffeehaus noch, dessen Fenster, wie Doderer in den „Dämonen" beschrieb, „sich als weit geschwungene Bogen zeigten, so daß die großen Glasflächen oben in einer etwas ungewöhnlichen Weise gerundet abschlossen".

Schräg gegenüber liegt das „Brioni". „Aber Grauermann begab sich jetzt, um einen schwarzen Kaffee zu nehmen, ohne weiteres in ein gut bürgerliches Lokal hier in der Nähe, wo er nach wenigen, unter Türmen von Hitze über die Straße getanen Schritten, in Stille, verhältnismäßiger Kühle und Abgeschiedenheit in einem gepolsterten Winkel sitzen und Zeitungen lesen konnte", so steht es in der „Strudlhofstiege" zu lesen, und andernorts heißt es: „Ein Bahnpfiff tönte vom böhmischen Bahnhof gegenüber. ‚Café Brioni' hieß das hier."

In diesem Café hatte sich René Stangeler nach langen Jahren wieder mit Paula Schachl, verehelichte Pichler getroffen, am „Tischerl beim Eingang", wie Doderer später erzählte. „Auf ihr Beisammensein mit René, das für den frühen Nachmittag des Mittwoch vereinbart war, freute sie sich mit besonderer Lebhaftigkeit und Neugier. Man wollte einander um drei Uhr in jenem ‚Café Brioni‘ treffen – wo sich vor vierzehn Jahren der Konsular-Akademiker Pista Grauermann der Einsamkeit hingegeben hatte, dabei zu einer gewissen Selbständigkeit gelangend und zu Gedanken oder Vorstellungen, die ihm heute wahrscheinlich als extravagant erschienen wären. Paula Pichler war mit dem Orte, der ihrer Wohnung ja nahe lag, gleich einverstanden gewesen." Auch hierher, ins Café Brioni zu Paula, war Stangeler über die Strudlhofstiege gegangen.

Mitte der fünfziger Jahre saß Doderer mehrmals mit Herbert Eisenreich im Kaffeehaus am Althanplatz, und auch Walter Rilla erinnert sich, daß bei derartigen Anlässen stets das Gästebuch vorgelegt wurde: „... wir mußten uns eintragen in das Buch, in dem schon viele bekannte Namen standen; und auf der ersten Seite hatte er, der Dichter selbst, sich eingeschrieben."

Noch eine letzte Eintragung erinnert an den am 23. Dezember 1966 verstorbenen Romancier. „Maria v. Doderer in Gedenken an Heimito. Sommer 1979" steht im Gästebuch des Café Brioni, jenem Kaffeehaus aus der „Strudlhofstiege", zu lesen.

CENTRAL

1., Herrengasse 14
Tel. 533 37 63, DW 26
Montag bis Samstag 10–20 Uhr,
Sonn- und Feiertage geschlossen.

*Konzert-Café mit warmer Küche von
11.30–19.30 Uhr; seit 1986 in der
Säulenhalle des Palais Ferstel, wo sich einst
das berühmte Café Central befand. Hunden
ist der Eintritt verboten.*

Am Meridian der Einsamkeit

„Das Stammlokal der literarischen Welt im Ersten Bezirk war damals das ‚Café Central', ein Eckhaus in der
Herrengasse", schrieb Peter Altenbergs langjährige Be-
gleiterin Helga Malmberg in ihren Erinnerungen „Widerhall des Herzens", wo wir einiges über die Baulich-
keiten des Lokals um die Jahrhundertwende erfahren.
„Man trat zuerst in einen düstern Vorsaal mit tiefen
Fensternischen. Hier herrschte stets eine kühle Däm-
merung, die ideale Beleuchtung für Stubenhocker und
Eigenbrötler. Dann ging man durch einen schmalen
Gang und gelangte in eine Art Hof mit Oberlicht, zu
dem eine kleine Stiege mit breiten Stufen hinaufführte.
Der große Saal war eigentlich ein Gewölbe ohne Dek-
ke. Der Rauch verteilte sich daher bis unter das hohe
Glasdach. Im Gegensatz zum Vorraum war dieser Hof
sehr hell und luftig. Hier waren die Stammtische der
einzelnen Künstler, die absolut tabu waren, die Insel
der Schachspieler, die Oase der Domino-Liebhaber, die
Ecke, wo man Billard spielte." Hier trafen sich, seit
Schließung des führenden Literatencafés Griensteidl in
der Nacht des 20. Jänner 1897, nunmehr Künstler aller
Art: Dichter, Schriftsteller, Maler und Bildhauer. Peter
Altenberg etwa, der das Café als Postadresse angab und
mit seinem bunten Hemd, den breitgestreiften Hosen
und seinem Zwicker am schwarzen Band laut Hermann
Bahr noch identisch war mit dem Bilde, das sich das
Volk von seinem Dichter macht. Zu seinem Kreis ge-
hörten Adolf Loos, Egon Friedell und Alfred Polgar,
von dem auch eine „Theorie des Café Central" exi-

stiert, in der die Behauptung aufgestellt wird, das „Central" sei kein Kaffeehaus wie andere Kaffeehäuser, „sondern eine Weltanschauung, und zwar eine, deren innerster Inhalt es ist, die Welt nicht anzuschauen". Das Café Central, theoretisiert Polgar weiter, „liegt unterm wienerischen Breitegrad am Meridian der Einsamkeit. Seine Bewohner sind größtenteils Leute, deren Menschenfeindschaft so heftig ist wie ihr Verlangen nach Menschen, die allein sein wollen, aber dazu Gesellschaft brauchen."

Wenige Tische weiter befand sich der Stammtisch von Karl Kraus, ehe dieser dann, allein sein wollend, dem ruhigeren „Imperial" den Vorzug gab. Um Kraus versammelten sich regelmäßig Otto Stoessl und Leopold Liegler, und 1921 hat der Fackel-Herausgeber in seiner Magischen Operette, „Literatur oder Man wird doch da sehn", mit den „Central"-Künstlern abgerechnet: „Die Bühne stellt eine tiefe Halle vor, die in einem seltsam unbestimmten Licht liegt. Je dreizehn Schmöcke in den Nischen auf jeder Seite. Jeder dieser Schmöcke ist sein eigener Lichtspender. An verschiedenen Tischen dicht gedrängt Personen, die alle zueinander zu gehören scheinen und von Tisch zu Tisch hinübersprechen. Ein Winkel weist nomadenhafte Häuslichkeit auf."

In dieser Ecke des venezianisch angehauchten Kuppelsaales lag, seit das 1856 von Heinrich Ferstel errichtete Börsengebäude 1876 in ein Kaffeehaus umgewandelt worden war, immer schon ein seltsames Gemisch aus Neuromantik und Altliberalismus, Frauenkult und Antifeminismus, Wagnerverehrung und Otto-Weininger-Gedankenwelt als ästhetischer Hausgeist des „Central" in der Luft. Hier traf man auch die jungen Literaten Franz Blei, Anton Kuh und Franz Werfel, der diesem „Schattenreich" des Arkadenhofes in seinem Roman „Barbara oder Die Frömmigkeit" zahlreiche Seiten abgerungen hat: „Die graugehaltenen Mauern der Halle, deren menschenfeindliche Amts-Renaissance eine geradezu infernalische Stimmung förderte, hatten keine äußere Lichtquelle, nicht einmal eine armselige Luke! Alle Glühbirnen brannten insgesamt zu matt, um sich gegen das turmhafte Dunkel behaupten zu können." Darin aufgenommen wurden auch zwei Gedichte von Ottfried Krzyzanowsky (im Roman der stets bettelnde Dichter Gottfried Krasny), „der übrigens", wie Anton Kuh in seinem Feuilleton „Central und Herrenhof" plaudernd bemerkte, „ohne daß ich mit dieser Feststellung Franz Werfel kränken will, niemanden so gehaßt hat, wie

den Helden Ferdinand aus ‚Barbara'", was stark über-
trieben scheint – Werfels Roman erschien 1929, elf
Jahre nachdem der Dichter im November 1918 still
verhungert war.

In diesen Tagen, als die Revolution auch gegenüber
den Pforten des Café Central, vor dem Ständehaus in
der Herrengasse, einen kurzen Auftritt gab, erblickten
die neugierigen Stammgäste beim Neubau an der linken Ecke ein neues Kaffeehaus, das „Herrenhof". In
den Revolutionswirren entstanden, sollte das eben gegründete Café dem konservativen „Central" bald seinen
Rang ablaufen. „Denn kurz und gut", schrieb Anton
Kuh, „zwei Tage später saß alles, was politisch und
erotisch revolutionär gesinnt war, drüben im neuen
Café – die Mumien blieben im alten."

DIGLAS

1., Wollzeile 10
Tel. 512 57 65-0
Mobiltel.: D 0663 80 62 57
Montag bis Samstag 7 – 24 Uhr,
Sonn- und Feiertage 10 – 24 Uhr.

*Seit seiner Renovierung präsentiert sich das
Ecklokal wieder als traditionelles
Innenstadt-Café in rotem Plüsch und
Messing, mit schönem Windfang,
Restaurantangebot, Bier vom Faß und
großer Mehlspeisenauswahl.*

Lehár saß in der Kaiserloge

In den zwanziger Jahren gab es in der Singerstraße 6
das bekannte „Etablissement Franz Diglas – Nö. Wein-
Musterkeller und Schwechater Bierhalle", das rund um
die Uhr geöffnet hielt und mit einem dialektfrohen
Werbevierzeiler auf die wahren Prioritäten des Lebens
hinzuweisen versuchte:

Mei Gwand, das is scheißlich,
Was liegt dran?
Wann ma beim Diglas
Nur einkehren kann.

1923 eröffnete in der Wollzeile, Ecke Strobelgasse, wo sich bereits um die Jahrhundertwende das Café Royal der Regina Zweigenthal und danach das etwas anrüchige „Piccadilly" der Familie Stipschitz befunden hatten, Franz Diglas ein Kaffeehaus. „Achtzehn Jahre war mein Vater in Amerika gewesen und danach mit seinem Bruder, einem passionierten Pferdenarren, wieder nach Wien zurückgekehrt, wo er eine Unzahl von Lokalen zu gründen begann", erinnert sich dessen Sohn, der sich nun auch schon vor Jahren von der Leitung des Kaffeehauses zurückgezogen hat. Sein Vater muß ein rechter Lokal-Tycoon gewesen sein, denn mit dem Namen Diglas verband sich in den zwanziger Jahren neben dem Wein-Musterkeller auch noch das seit 1837 bestehende Casino Zögernitz in der Döblinger Hauptstraße, das damals recht berühmte Nachtlokal „Tabarin" in der Annagasse 3, der Restaurationsbetrieb im 1903 von Ben Tieber eröffneten Apollo-Theater sowie ein Gasthaus an der Mödlinger Straßenbahnlinie und eines im Gänsehäufelbad. Doch als Franz Diglas auch noch das „Ronacher" übernehmen wollte, ging der mit den Verhandlungen beauftragte Rechtsanwalt mit der Kaution durch und hinterließ einen ruinierten Restaurateur.
Übrig blieb lediglich das Kaffeehaus in der Wollzeile, das bald zu einem beliebten Innenstadt-Café wurde: der junge O. W. Fischer saß hier, in Begleitung seiner Mutter, der Vater des damaligen Bundeskanzlers Schuschnigg trank im „Diglas" seinen Kaffee, und der Komponist Franz Lehár, umringt von seinen Leiblibrettisten, bevorzugte stets die „Kaiserloge". Nach dem Krieg fanden sich der Kabarettist Karl Farkas auf seinem Stammplatz neben dem Pfeiler und Heimito von Doderer stets in der hinteren Ecke, neben den Toiletten, ein. Danach verloren sich die Stammgäste, als das Café, dem Zeitgeist entsprechend, in den fünfziger Jahren in ein Espresso umgewandelt und ab 1964 als Restaurant mit angeschlossenem Heurigenkeller betrieben wurde.
1988 hat es der Enkel des innovativen Franz Diglas um rund drei Millionen Schilling wieder in ein traditionelles Kaffeehaus verwandelt und behutsam mit dem In-

terieur aus der klassischen Kaffeehauszeit versehen. „Schaun Sie sich das an", pflegte Stammgast Karl Farkas zu sagen.

„Seit zehn Jahren sitzen die zwei jeden Tag stundenlang, ganz allein, im Kaffeehaus. Das ist eine gute Ehe! Nein, das ist ein gutes Kaffeehaus."

Alfred Polgar

DOGENHOF

Café-Espresso
2., Praterstraße 70
Tel. 24 94 05
täglich 7 – 23 Uhr.

Reste eines einstigen großen Eck-Cafés am Ende der Praterstraße. Mit kleinen Imbissen, Mehlspeisen und dem üblichen Espresso-Angebot.

Venedig in der Praterstraße

Im Zuge der Planung für die Stadterweiterung 1857 war von den Gemeindevätern auch erwogen worden, den einzelnen Völkern der Monarchie bestimmte Bezirksteile zuzuweisen. In der Leopoldstadt hätte eine italienische Kolonie angesiedelt werden sollen, doch der unterdessen eingetretene Verlust fast aller italienischer Provinzen dämpfte rasch die Begeisterung föderalistischer Stadtplaner. Dennoch ließ 1898 Maximilian Haas „zu Ehren der wunderschönen Stadt Venedig" (Tafel im Hausflur) den „Dogenhof" vom Architekten Caufall nach Motiven der Ca' d'Oro am Canale Grande errichten, und somit findet sich auch oberhalb des Kaffeehauseinganges ein Steinrelief des unverzichtbaren venezianischen Löwen.

Doch damit ist im Grunde wenig über den kulturgeschichtlichen Stellenwert des nach Fertigstellung des Hauses eröffneten Cafés gesagt, unterschlägt man doch seine einstige universelle Bedeutung für die Praterstraße und erweckt zudem falsche Eindrücke beim interessierten Reisenden. Dem wahren Sachverhalt schon näher kommt die linksgerichtete Zeitung „Der Abend", die 1925 vermerkt: „Ein pikantes Kaffeehaus ist das Café Dogenhof in der Praterstraße. Es gehört dem Herrn Neugasser, der einmal Kleiderhändler in der Judengasse war und heute Milliardär ist, dank der ‚Galeristen', die in seinem Kaffeehaus verkehren, das eines der berüchtigsten Spielkaffeehäuser ist."

Auch der Librettist Peter Herz erinnerte sich, daß im nämlichen Lokal einmal ein ungarischer Zahntechniker, weit vom Berufswege abschweifend, hier die besten Falsifikate von Hundert-Kronen-Noten angeboten habe und lediglich durch eigene Dummheit überführt worden sei: „Er setzte sich im berüchtigten Spielercafé Dogenhof an den Kartentisch, verlor und zahlte mit eigenen Fabrikaten. Doch dort saßen Spieler, die sich auskannten."

Vom einstigen Spielerkaffee „Dogenhof", das in den dreißiger Jahren erfolgreich mit dem „Café Madrid" im Wettstreit um die kriminelle Klientel der Leopoldstadt lag, blieb in unseren Zeiten wenig erhalten: Reste einer eindrucksvollen Stuckdecke, einige alte Spiegel und Galeristen und, natürlich, ein verstaubtes Wandgemälde, den Markusplatz von Venedig darstellend.

DOMMAYER

Konzert-Café
13., Dommayergasse 1/Auhofstraße 2
Tel. 877 54 65
täglich 7 – 24 Uhr.

Ältestes Konzert-Café Wiens. Ganzjährig spielt jeden ersten Samstag im Monat von 14 – 16 Uhr das Damensalonorchester „Wiener Walzermädchen", der Gastgarten mit seinen 250 Plätzen ist im Sommer von 8 – 23 Uhr geöffnet. Mit Tageskarte, einer „Dommayer-Jause" (Montag bis Freitag, nur nachmittags), verschiedenen Teesorten und zahlreichen Kaffeespezialitäten. Von Mai bis September an jedem 3. Sonntag im Monat „Kaffeehaustheater" (vorwiegend Nestroy).

Geigen über Hietzings Himmel

Im Juli 1787 errichtete in Hietzing ein Kellner namens Dick neben dem Schönbrunner Park und gegenüber dem Kaiserstöckl ein „Caffeehhaus", das bald so viel eintrug, daß sich Dick als wohlhabender Mann zur Ruhe setzen konnte. Im Jahr 1816 ging das „Caffeeh-haus" dann auf den „Hahnenwirt" Reiter über, der es vergrößern ließ und es als „Caffeeh- und Traiteurhaus" führte. Es soll ein freundliches Lokal gewesen sein, in dem die Wiener auf ihren Landpartien gern einkehrten und eine Jause zu sich nahmen, wenn sie nach Hietzing reisten. In diesen Jahren begann sich der Wiener Vorort rasch zu entwickeln, und schon 1803 klagte der Eipeldauer in seinen Briefen über die Baulust: „Von Schönbrunn bin ich auf Hizing hinüber gangen. Aus dem Dorf wolln sie jetzt ein Stadt machen. Es sind 90 neue Häuser dort ausgesteckt, und die werden alle auf Spekulation baut, und da müssen ja d' Wohnungen dort wohlfeiler werden; und d' Bauern habn mit ihren eingegangenen Tradfeldern auch immer so viel Schererey ..."

1823 übergab Reiter das Lokal an seinen Schwiegersohn Ferdinand Dommayer, einen gelernten Kammmacher, der bald mehrere Nebenhäuser aufkaufte und auf deren Grund vom Baudirektor Josef Leistler einen Tanzsaal, dessen Decke von zwei Dutzend schlanken Säulen getragen wurde, errichten ließ, der am 24. Juni 1833 unter den Klängen Straußscher Walzer eingeweiht und bald zum beliebtesten Konzertsaal Wiens wurde. Konzerte fanden im Dommayer schon seit 1825 statt, im Winter im „Salon", im Sommer im Garten. Ebenso berühmt war die Küche der Frau Dommayer, einer Tochter des bekannten Gastwirtes Haunold, geworden. Schimmers „Neuestes Gemälde von Wien in topographischer, statistischer, commerzieller, industriöser und artifizieller Beziehung" lobte schon 1837: „Außerhalb der Linien liegt Dommayers großartiges Kasino in Hietzing, dessen vor einigen Jahren neuerbauter Saal eines der schönsten Architekturwerke dieser Art ist, das obendrein jeden Sonntag, zur Karnevalszeit noch öfters, von Strauß belebenden Tönen widerklingt und Tausende von Gästen anlockt. Die hier zur Winterszeit abgehaltenen Bälle gehören zu den glänzendsten und besuchtesten im Umkreise der Residenz und haben sicherlich alle derartigen Lokalitäten in den Vorstädten verdunkelt." In den dreißiger Jahren waren die Bälle beim berühmten, 1807 eröffneten „Sperl" in der Leopoldstadt schon ein wenig anrüchig geworden, und selbst bei den Bällen der Gesellschaft der Musikfreunde, die mehrere Jahre dort abgehalten worden waren, soll es „allerlei skandalöse Auftritte" gegeben haben, berichtete der Heimatforscher Sigmund Wilheim. Es war dies auch jene Zeit, in der das beliebte Unterhaltungslokal des Andreas Schunder in Meidling mit der mehrdeutigen Ankündigung warb: „Jede Mannsperson zahlt Einen Gulden, die Frauenzimmer sind frei."

Im Dommayer hingegen ging's seriöser zu, da wurden Rosenfeste und Maskenbälle abgehalten, und seit 1831 spielte Johann Strauß Vater hier auf. Er widmete dem Lokal, in dem erstmals seine „Heimatklänge", „Donaulieder", die „Loreley-Rheinklänge" und viele andere Musikstücke ertönten, auch seinen „Hietzinger Reunions-Walzer".

Am 22. März 1843 dirigierte Josef Lanner hier erstmals seine „Schönbrunner", die er ebenfalls dem Dommayer widmete, und am 15. Oktober des folgenden Jahres debütierte auf einer „Soirée dansante" Johann Strauß, des

Älteren neunzehnjähriger Sohn. „Johann Strauß der Sohn zum erstenmal", stand auf den Plakaten, die er selbstbewußt, und sehr gegen den Willen seines Vaters, affichieren ließ, und die Zeitungen nahmen ausführlich für und wider den Debütanten Stellung. Adolf Bäuerle plante noch für spätnachts eine Sonderausgabe seiner Theaterzeitung, um die Wiener über den Debüt-Ausgang zu informieren, und auch Strauß Vater, der zwar der Aufführung fernblieb, konnte es nicht unterlassen, seinen Vertrauten, den „Lamperl-Hirsch", zum Dommayer zu schicken, damit dieser über das Schicksal des Sohnes Bericht erstatte. Schon die ersten Tanzkompositionen, „Die Gunstwerber", „Debüt-Quadrille" und die „Herzenslust-Polka", waren ein voller Erfolg, der sich mit den „Sinngedichten" noch steigerte, und als Strauß Sohn daranging, seinem Vater mit dessen „Loreley-Rheinklängen" eine musikalische Huldigung darzubringen, hatte er beim Publikum im Dommayer auf der ganzen Linie gesiegt. Der „Lamperl-Hirsch" war der erste, der es dem brummigen Vater mitteilte.

1859 starb Ferdinand Dommayer. Sein Sohn Franz, mit einer Tochter des berühmten „Sperl"-Wirtes Scherzer verheiratet, übernahm das Lokal, das allerdings bald an Popularität verlor und 1889 in den Besitz von Paul Hopfner überging. Am 3. Februar 1908 schließlich erfolgte die Abschiedsfeier vom alten Dommayer, diesem Wahrzeichen Alt-Wiener Tanzvergnügungen, um einem Neubau Platz zu machen. 1887, zur Hundertjahrfeier, hatte das „Neue Wiener Tagblatt" elegisch geschrieben: „Das Dommayer'sche Kasino, das im Laufe der Jahre vom Vater auf den Sohn überging, hat stolze Erinnerungen aufzuweisen, Erinnerungen, die mit den schönsten Tagen des lustigen und leichtlebigen Wiens, von den Zwanziger- bis hinein in die Fünfzigerjahre reichend, verknüpft sind. Der Himmel, der sich über den Hietzinger Kasinogarten wölbt, hing stets voller Geigen und im Saale daselbst wurden die animirtesten, elegantesten Bälle Wiens, die ‚Harmoniebälle', diese Vereinigung des wohlhabenden Bürgerthums abgehalten."

1924, das wohlhabende Bürgertum ist nur noch spärlich anzutreffen, unternimmt es die Cafetiersfamilie Schneider, in der Dommayergasse den Dommayerhof im alten Stil samt Musikpavillon und Fünf-Uhr-Tee im Garten zu eröffnen. Sieben Jahre später muß das ambitionierte Lokal wieder geschlossen werden. Am Ostersamstag des Jahres 1935 macht dann die Familie Senal einen weiteren Versuch. Nach Gründung der „Wien-Film" 1938 werden hier auch die nicht sonderlich anspruchsvollen Streifen „Das Reserl vom Wörthersee" und „Wiener G'schichten" unter der Regie von Erich Neusser gedreht. 1963 übernimmt die Familie Gerersdorfer das Dommayer, und erstmals finden nun Festwochenveranstaltungen statt. Seit 1974 führt Gert Gerersdorfer das Lokal, und seither lebt auch die alte Konzertcafé-Tradition wieder auf. Das Kaffeehaus, 1984 im „Alt-Wiener Stil" renoviert, nähert sich mit seiner Küche wieder jenen Höhen, von denen vor mehr als hundertfünfzig Jahren Moritz Gottlieb Saphir schwärmte: „Ein Dommayer'sches Ragout ist die geistreichste Schmeichelei, die man einer Zunge sagen kann; ein Dommayer'scher Salat ist Shakespeare in Oel, da ist die höchste Tragik mit dem tiefsten Humor, die schärfste Lebenswahrheit mit der mildesten Sühne zusammen, und ein Dommayer'sches Kompot – mi manca la voce! – ein Dommayer'sches Kompot ist der Geist der kompotischen Klassiker in Magenformat..."

„Hier können Aristokraten und Offiziere, große Kaufleute und bedenkliche Schieber, Künstler und kleine Bürger verkehren, denn kostspielig ist der Aufenthalt nicht; man kann trinken, lesen, debattieren oder spielen, denn nicht das Verzehren, sondern das Verweilen wird als Zweck des Lokals empfunden. Und alles geschieht an den kleinen Marmortischen zwischen den befrackten Kellnern mit einer gewissen Geste sorgloser Vornehmheit; es liegt ein Stempel von Luxus auch auf dem Nüchternen und Geschäftigen, das etwa dort geschieht. Diese Form der Zusammenkunft hat sich in Berlin und Brüssel, in Petersburg und Paris, in Buenos Aires und Kairo durchgesetzt; das Wiener Café ist international."

Willi Handl,
in: Wien und Berlin. Vergleichendes zur Kulturgeschichte
der beiden Hauptstädte Mitteleuropas
von Julius Bab und Willi Handl,
Berlin 1918

DRECHSLER

Markt-Café
6., Linke Wienzeile 22/Girardigasse 1
Tel. 587 85 80
Montag bis Freitag 4 Uhr früh – 20 Uhr,
Samstag 4 Uhr früh – 18 Uhr,
Sonn- und Feiertage geschlossen.

Mit warmen Speisen (Gulasch, Schnitzel etc.) ab 4 Uhr früh, 2 Billardtischen und dem üblichen Kaffeehausangebot.

Mokka im Morgengrauen

Hier am Naschmarkt ist er in den zwanziger Jahren geboren worden und aufgewachsen, alle Standler hat er einst persönlich gekannt und auch bedient. Unter denen, erinnert sich Engelbert Drechsler, der nun bereits in der dritten Generation das Marktcafé führt, gab es schon viele urwüchsige Typen, ausgeprägte Persönlichkeiten und Verkaufsgenies. Der legendären „Frau Sopherl vom Naschmarkt" mit ihrem Mund, „dessen energischen Linien man ansieht, daß er in ewiger Bewegung ist", wie sie ihr Schöpfer Vincenz Chiavacci beschrieb, stand damals kaum ein „Marktler" nach. Nur seit der Großmarkt nach Inzersdorf gezogen ist und heute lediglich 31 Standeln den überdeckten Wienfluß bevölkern, ist es in den Morgenstunden etwas ruhiger geworden im Eckcafé auf der Wienzeile.

1914 bereits betrieb Leopoldine Drechsler das „Café Obstmarkt" auf der Rechten Wienzeile 19. Zwei Jahre später, als der Naschmarkt von Karlsplatz und Wiedner Hauptstraße vorerst „provisorisch", wie es damals hieß, auf die Wienzeile zog, wanderte auch die Familie Drechsler mit, und 1918 eröffnete Großvater Engelbert Drechsler das Marktcafé „An der Wien" in der Linken Wienzeile 22.

Die Marktcafés waren einst Produktenbörsen im kleinen Stil und unterschieden sich schon allein durch die Öffnungszeiten von den herkömmlichen Kaffeehäusern der Stadt. Das Marktcafé Nicola in der Färbergasse beispielsweise, das bis in die zwanziger Jahre des vorigen Jahrhunderts der Familie Czech gehörte und danach noch unter Führung Nicolas weitere 80 Jahre bestand, war, wie Gustav Gugitz in seinem Werk „Das Wiener Kaffeehaus" beschrieb, ein Nachtlokal „für die Gemüsehändler und Öbstlerinnen am Hof, die sich dort noch in der Nacht mit ihren Waren einfanden, und stellte das vor, was man als ‚Czecherl' bezeichnet, an dem der selige Knigge manches zu tadeln gefunden hätte. Es kann sehr wohl sein, daß sich dieser Ausdruck von der Familie Czech herleitet, die eben den Typus eines solchen ‚Czecherls' betrieben hatte."

Ein beliebtes Marktcafé war auch das 1861 von dem Kaffeesieder Täuber in der Renngasse 2 begründete Lokal, das zu einer gewissen Berühmtheit gelangte. Von besonderer Eigenart war das Café „Zur Kugel" Am Hof. Inmitten der Stadt entwickelte sich vor 1914 hier nach Mitternacht ein ganz eigentümliches Leben. Ungarische, slowakische, böhmische, mährische und niederösterreichische Bauern brachten in der Nacht noch ihre landwirtschaftlichen Produkte auf den Markt. Von der Arbeit ermüdet, fanden sie in der „Kugel" Erholung und Stärkung. Hier saßen dann die Marktweiber mit ihren weiten Röcken und blauen Schürzen an den Marmortischen und stritten mit den Fuhrleuten in allen Sprachen der Monarchie. „Und zwischendurch leuchteten besonders zur Zeit der Bälle Frackhemden auf", heißt es in der 1933 erschienenen Festschrift zum 250jährigen Jubiläum des Wiener Kaffeehauses, „denn wenn um 4 Uhr oder 5 Uhr morgens das Wiener Nachtleben offiziell abgeschlossen war, dann wurde jede Drahrerei mit einem Besuch im Marktcafé erst richtig beendet."

Und ein wenig von diesem morgendlichen Treiben zwischen Pflicht und Neigung findet sich noch heute beim „Drechsler" am Naschmarkt ab vier Uhr früh.

Café,

Hauptstrasse,
wegen Krankheit um 3900 fl. zu verkaufen.

Ohne Agenten!

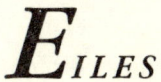

E_{ILES}

Alt-Wiener Kaffeehaus
8., Josefstädter Straße 2
Tel. 42 34 10
Montag bis Freitag 7 – 22 Uhr,
Samstag, Sonn- und Feiertage 8 – 22 Uhr.

Traditionsreiches Eck-Café an der
ehemaligen Zweierlinie mit Spielzimmer,
zahlreichen in- und ausländischen
Zeitungen, braun-plüschigen Lesenischen
und Fensterplätzen. Kleines
Speisenangebot.

Der Herr Fritz

Der Herr Fritz hieß eigentlich Alfred. Doch damals, 1928, als ein Kleiner Brauner 50 und ein Gasthausmenü 80 Groschen kostete und er im Café Reichsrat als Pikkolo begann, gab es dort bereits zwei Alfred unter den Obern. „Der eine", erinnerte sich Herr Fritz während unseres Gespräches im Café Landtmann, „hat übrigens Leo geheißen."
Im „Reichsrat", Ecke Stadiongasse, saßen in den Parlamentspausen sämtliche Abgeordneten der Ersten Republik und spielten Tarock. Herr Fritz hatte sie alle gekannt und bedient. An Seipel und an die Dollfuß-Ermordung im 34er Jahr erinnerte er sich besonders deutlich. Viel Geld hat er damals verdient und es auch ausgegeben. In späteren Jahren servierte er im Café Eiles, Montag bis Freitag von 10 bis 14 Uhr. „Arbeiten brauche ich ja schon längst nicht mehr", sagte Herr Fritz dann abschließend und verabschiedete sich, um seinen Dienst anzutreten, pünktlich wie stets in den vergangenen sechzig Jahren. Ein eingerahmtes Zeitungsphoto beim Eingang erinnert heute an ihn.
Aus der „Geschichte des Café Eiles", von Cafetier Friedrich Eiles als Neujahrsgabe 1905 seinen „P. T. Gästen gewidmet", erfährt man, daß bereits 1821 an der Ecke der heutigen Auerspergstraße und Trautsongasse ein gewisser Motéle ein Kaffeehaus eröffnet hat, das damals „im Inneren neben einigen höchst primitiven Billards mehrere braun politierte Tische mit Fidibusbehäl-

tern und massive Sesseln" beherbergte und an dessen Wänden man eine Anzahl Öllampen sowie Pfeifenständer mit sogenannten Kölnischen Pfeifen sehen konnte, welche den Gästen auf Verlangen von den Markören gereicht wurden. Eine braungestrichene „Kredenz" vervollständigte das Interieur des Kaffeehauses, das damals von den Bürgern der Josefstadt gern besucht wurde.

1839 entstand dann jene aus 23 Häusern bestehende Zeile, die vom heutigen Café Eiles angefangen bis zum Landesgericht reicht. Das erste Haus in dieser Reihe, dessen hübsch verzierte und mit einem Giebel versehene Hauptfront noch heute von der Lastenstraße aus zu sehen ist, ließ der „bürgerliche Shawlsfabrikant" Johann Burde von dem Baumeister Grünn nach Plänen des Architekten Schadn im Jahre 1840 erbauen. In dieses Haus übersiedelte nun das Café Motéle, und am 15. November 1840 fand die feierliche Eröffnung statt. Das neue Kaffeehaus erregte damals in Wien großes Aufsehen, so daß die Bäuerlesche „Wiener allgemeine Theaterzeitung" am 4. Dezember bereits demselben einen eigenen Artikel widmete: „Die Räumlichkeiten, 14 Schuh 9 Zoll hoch, sind im edelsten Baustyle ausgeführt und gewähren gleich beim Eintritte einen überraschenden Eindruck", kann man hier lesen. Dieser erste Eindruck wurde noch verstärkt durch die aufwendigen Arabeskenverzierungen an den blaßgrünen Wänden, die zahlreichen Kaffee- und Spieltische aus Eschenholz und die fünf Billards. In einer Blumennische prangte die Büste Kaiser Ferdinands von Josef Schaller, und die „Meissnersche Heizung" sorgte für eine gleichmäßig verbreitete Wärme. „Die weiten, luftigen Hallen für die Restauration und gesellige Unterhaltung setzen vorzüglich zur Nachtzeit ihre erheblichen Eigenschaften in ein glänzendes Licht", berichtete Bäuerles Theaterzeitung weiter und hob besonders hervor, daß der Architekt auf dem Dach eine Plattform angebracht habe, „welche eine entzückende Rundschau eröffnet, und diese luftige Lage soll im Sommer in einen Blumengarten nach italienischer Manier verwandelt werden. Die Freunde solcher Naturpanoramas können hier ihre Erfrischungen einnehmen, und zur Zeit der militärischen Übungen ein seltenes Schauspiel bei dem Überblicken des weitausgespannten Glacis-Terrains sich verschaffen."

Das Café Motéle erfreute sich im Biedermeier großer Beliebtheit, nicht nur die Vorstadtbürger frequentier

ten es, sondern auch zahlreiche Militärs und die Künstlerwelt. So war Mitte der vierziger Jahre ein fast täglicher Gast der Dichter und Sonderling Ferdinand Sauter; 1848 verkehrte hier auch der Oberkommandant der Wiener Nationalgarde, Wenzel Messenhauser, der das Revolutionsjahr nicht überleben sollte. Über dem Lokal wohnte von 1846–1848 Friedrich Hebbel, der hier Dramen wie „Herodes und Mariamne" verfaßte (Erinnerungstafel Ecke Lenaugasse). Was aber seiner Wiener Wirkungsstätte noch einen ganz besonderen Reiz verlieh, war, wie er in seinem Tagebuch notierte, „der Umstand, daß diese Wohnung über einem Cafe liegt, in welchem ich während der ersten Zeit meines Aufenthalts in Wien zu frühstücken pflegte".

31

Anfang der fünfziger Jahre ging das Café Motéle, nach dem Tod seines Gründers, in die Hände des Wiener Bürgers Hagn über, der das Kaffeehaus in eine sonderbare Berühmtheit verwandelte. Während das Lokal bei Tag von angesehenen Bürgern besucht wurde, war es ab 10 Uhr abends eine lebhaft frequentierte Börse der Halbwelt.

Nach Hagn übernahm die Familie Haasmann das Café, in dem sich bald nach Errichtung des Reichsratsgebäudes zahlreiche Abgeordnete einfanden. Zu jener Zeit war auch Bürgermeister Uhl Stammgast. 1896, als Haasmann das Kaffeehaus verkaufte, folgten die Herren Urban und Kaltenbrunner als Besitzer. Im Jahre 1901 ging es schließlich auf den Cafetier Friedrich Eiles über, der das Lokal von Grund auf renovieren und modernisieren ließ. Nach dem Ersten Weltkrieg leitete Berta Eiles das Café an der Zweierlinie. Aus ihrer Regentschaft ist eine Getränkekarte erhalten geblieben, in der sich neben den modisch gewordenen diversen „American Drinks", der Wein- und Biersuppe um eine Krone auch die traditionellen Kaffees der damaligen Zeit finden: Schwarz oder Melange, Portion separiert, Türkischer und Nuß.

1933 wurde das Café vom Architekten Alois Ortner erneuert und erhielt durch seine Nischenlösung jenen intimen Charakter, der das „Eiles" auch heute noch auszeichnet und aus dem der Herr Fritz nur schwer wegzudenken ist.

ENGLÄNDER

1., Postgasse 2
Tel. 512 27 34
Montag bis Samstag 8 – 2 Uhr,
Sonntag 10 – 2 Uhr.

Durchgehend warme Küche, mit zwei
Extrazimmern und angeschlossener Bar.

Day & Night

Um sieben Uhr früh trifft man hier das trockene Volk
der Rechts- und Staatsanwälte, das wenig später Richtung Riemergasse enteilt, nachmittags und frühabends
bevölkern das Lokal bedachte Beamte und passionierte
Pensionisten. Spätabends wird das Kaffeehaus zum
Treffpunkt konsumbewußter Jugendlicher. Und diese
Verwandlung hat in der Tat etwas Britisches an sich:
sie erinnert an die Metamorphose von Dr. Jekyll in Mr.
Hyde. Doch schon vor Jahrzehnten, als noch die Familie Koranda das Café leitete, bevölkerten abends das
ehemalige „Windhaag" die Schauspieler des nahen Ka-
baretts Simpl, dessen langjähriger Leiter Karl Farkas als
Stammgast täglich sein Schnittlauchbrot hier verzehrte.
An seinen Bühnenpartner Ernst Waldbrunn und an
eine denkwürdige Winternacht erinnerte sich der Ka-
barettist Maxi Böhm noch in den siebziger Jahren:
„Der Waldbrunn steht auf, geht fort zur Drehtür, hat
den Mantelkragen hochgeschlagen, die unvermeidliche
Zigarette im Mundwinkel, und ruft auf einmal, in der
Tür stehend, ganz laut: ‚Beeem!' (Er hat zu mir immer
Beeem gesagt, mit drei e. Das Ö kannte er gar nicht
oder wollte es nicht.) ‚Beeem!'
Ich duckte mich hinter meiner Zeitung. Um Gottes willen, was kommt da jetzt wieder für ein Blödsinn?
Beim drittenmal ‚Beeem!' schau ich auf. Sagt er ganz
laut, damit es alle Leute hören müssen: ‚Bitte, sag dei-
ner Schwester, sie soll morgen nicht zu mir Fußboden
aufreiben kommen. Wir haben schon jemanden.' Und
haut die Tür zu. Ich seh' ihn noch, wie er hämisch
lachend durch den Schnee zum Simpl stapft.
Die Leute haben natürlich nicht gewußt, ist das jetzt
die Wahrheit? Manche haben vielleicht gedacht: ‚Mein
Gott, der muß arm sein. Seine Schwester geht zum

Waldbrunn saubermachen.' Viele haben aber gewußt: Heiteres Künstlervölkchen. Das macht seine Scherze so mitunter.''

DE L'*E*UROPE

Café-Espresso
1., Graben 31
Tel. 533 10 52, Fax 533 75 37
täglich 7 – 24 Uhr.

Traditionelles Espresso im Parterre, das eigentliche Lokal befindet sich im ersten Stock. Mit preiswertem Mittagsmenü und kleinen Imbissen. Pianospieler von 20 – 23 Uhr. Im Sommer Gastgarten in der Fußgängerzone am Graben.

Zu ebener Erde und erster Stock

Am geschäftigen Graben gelegen, hatte sein Besitzer in den frühen fünfziger Jahren als erster italienische Espresso-Maschinen nach Wien importiert. Ihm ist somit, schrieb ein Kaffeehaushistoriker, der „Espressionismus" zu verdanken, der sich dann wie ein Lauffeuer in der Stadt ausbreitete.
Berühmter Namensvorgänger war das „Europe am Stephansplatz" gewesen, das, gegenüber dem Riesentor des Domes gelegen, seit der Jahrhundertwende zum Stadtbild Wiens gehörte und den Beinamen „ewiges Kaffeehaus" erhalten hatte, denn es hielt auch dann noch seine Tore geöffnet, wenn in anderen Lokalen die Sessel auf die Tische gestellt wurden. Ludwig Riedl hieß der rührige Cafetier, in dessen Kaffeehaus hohe Offiziere, Diplomaten und auch das Kaiserhaus verkehrten. Der Eigentümer genoß eine Popularität, von der sich heutige Kaffeesieder kaum noch eine Vorstellung machen können. Schon in jungen Jahren beteiligte er sich rege an allen Unternehmungen, die zur Wahrung des Wiener lokalen Charakters veranstaltet wur-

den. Wir finden ihn unter den Arrangeuren des berühmten Blumenkorsos, der Praterfahrten, der Bürger-
bälle, bei allen großen Ausstellungen seiner Zeit, bei
zahllosen Wohltätigkeitsveranstaltungen, als Funktionär
der Kaffeesiedergenossenschaft und als Kommandant
des Marine-Veteranenvereins „Tegetthoff". All diese Ak-
tivitäten bewirkten, daß der Cafetier wiederholt vom
Kaiserhaus und von ausländischen Potentaten ausge-
zeichnet wurde. „Er war Inhaber zahlreicher privater
Vereinsauszeichnungen", steht in der Festschrift zum
250jährigen Bestehen des Wiener Kaffeehauses 1933
zu lesen, „die er gar nicht alle gleichzeitig anlegen
konnte." Karl Kraus hat ihn in den „Letzten Tagen der
Menschheit" auf seine Art gebührend gewürdigt, und
das „Illustrirte Wiener Extrablatt" veröffentlichte zu Beginn des Krieges im August 1914 eine Feldpostkarte
des treuen Armeekommandanten Ritter von Auffenberg an seinen Cafetier Riedl: „Zur Stunde, wo ich
meist in Ihren Räumen saß, freundliche Grüße aus fer-
nem Feldlager. Auffenberg." „Ritter v. Auffenberg", bemerkte dazu das Blatt, „war ständiger Gast im Café de
l'Europe. Herr Riedl war erfreut und gerührt darüber,
daß eine so hervorragende Persönlichkeit mitten im
Feldlager sich die Zeit genommen, eines schlichten
Wiener Bürgers in so liebenswerter und herzlicher
Weise zu gedenken. Er wird dieses interessante Auto-
gramm als kostbares Andenken hoch in Ehren halten."
Die herzlich gehaltenen Grüße des ständigen Gastes
waren mit 25. August 1914 datiert, am nächsten Morgen begann die Massenvernichtungsschlacht bei Koma-
rów in Ostgalizien.
Nach dem verlorenen Krieg mußte das Kaffeehaus einem Bankinstitut Platz machen. Seines einstigen Charakters und Standorts am idealen Mittelpunkt der Stadt
gedachte noch einmal am 21. Dezember 1918 Anton
Kuh im „Prager Tagblatt": „Das Café de l'Europe hatte
einige merkwürdige Eigenschaften. Zunächst war es
bummvoll, sommers und winters und zu welcher Ta-
geszeit man es betrat. Denn es war kein Aufenthalts-
sondern ein Durchgangscafé. Die Glastüre im Eingang
drehte sich ununterbrochen, Tag und Nacht, und oft
konnte man während einer Stunde denselben Hut, denselben Bart, dieselbe Diebsnase zehnmal in Rotation
sehen." Unnötig zu bemerken, daß auch Anton Kuhs
monokelbewehrtes Gesicht oftmals hier gesehen wurde, denn das „Europe" war, besonders zur Nachtzeit,
auch ein Literaten-Café gewesen. Es war, schrieb der

Feuilletonist weiter, „ein großstädtisches Perpetuum mobile, ein Wunder der Rastlosigkeit und Unaufhörlichkeit und als solches auf Nachtfürchtige und Todesängstliche beruhigend wirkend."

Nach dem Tode Ludwig Riedls im August 1919 wurde das Café de l'Europe von seinen Nachfolgern in den in der Jasomirgottstraße gelegenen Teil des Hauses verlegt, wo sich dann im März 1933 zahlreiche deutsche Emigranten zusammenfanden. Hier saßen auf ihrer ersten Etappe der Flucht Walter Mehring, Oskar Maria Graf und Bertolt Brecht, den Karl Kraus mit den Worten: „Die Ratten betreten das sinkende Schiff" willkommen geheißen hatte. Später, in seinen ironisch getönten „Unpolitischen Briefen", schrieb Brecht über seinen ersten Exilort: „Auf dieser Reise kam ich zuerst nach Wien. Wie jeder Zeitungsleser weiß, ist diese Stadt um einige Kaffeehäuser herum gebaut, in denen die Bevölkerung zusammensitzt und Zeitungen liest."

Dem heraufziehenden Weltkrieg, gegen den die Wiener nach Meinung Brechts nicht allzuviel unternahmen, fiel dann auch das Café de l'Europe zum Opfer. Erst in der Wiederaufbauphase der frühen fünfziger Jahre sollte es in einem Neubau am Graben wiedererstehen.

F<small>ALK</small>

Café-Restaurant
22., Wagramer Straße 137
Tel. 23 31 25
Sonntag bis Donnerstag 6 – 2 Uhr früh,
Freitag und Samstag 6 – 4 Uhr früh.

Warme Küche von 6 Uhr morgens bis 1.30 Uhr früh, Freitag und Samstag bis 3.30 Uhr früh. Mit Zeitungen, Schach und Billard.

Das Café am Ende der Stadt

Nach der Jahrhundertwende von Hermine Wangl als „Café Kagran" geführt und seit über sechzig Jahren im

Besitz der Familie Falk, stellt es seither einen ambitionierten Außenposten des Wiener Kaffeehauses dort dar, wo Kagran schon sehr Kagran ist.

Das Café bietet dem Besucher neben zahlreichen in- und ausländischen Zeitungen Seniorenjausen, Billard, Karambol, Schach, einen Sparverein – und der Totozettel kann hier ebenfalls abgegeben werden.

*F*RAUENHUBER

Café-Restaurant
1., Himmelpfortgasse 6
Tel. 512 43 23/Gästeruf: 512 39 85
Montag bis Freitag 8–23 Uhr,
Samstag 8–16 Uhr, Sonn- und Feiertage
geschlossen.

Ältestes bestehendes Wiener Innenstadt-Kaffeehaus mit viel rotem Plüsch und durchgehend warmer Küche.

Geborgenheit im Biedermeier

Wo einst das 1314 erstmals erwähnte Himmelpfortbad stand, wurde 1720 ein Barockbau im Stil des Lucas von Hildebrandt errichtet. Eine Gedenktafel links vom Caféeingang erinnert an die weitere Geschichte des Hauses: „1788 gründete hier der Leibkoch der Kaiserin Maria Theresia, Franz Jahn, ein Nobelrestaurant, eine sogenannte Traiteurie, wo berühmte Konzerte stattfanden. Wolfgang Amadeus Mozart führte hier 1788 ein Pastorale von Händel, und Ludwig van Beethoven 1789 ein Quintett für vier Bläser und Pianoforte auf."

Am 18. Oktober 1824, als Neuners „Silbernes Kaffeehaus" in der Spiegelgasse bereits zur Institution geworden war, eröffnete in der Himmelpfortgasse Nr. 965 (neu: Nr. 6) Alois Hänisch, der zuvor auf dem alten Fleischmarkt ein gutgehendes Lokal besessen hatte, ein Kaffeehaus, das besonders durch sein Türschild auffiel. Hänisch hatte sich durch den Historienmaler Erasmus

Engerth die Türbalken mit zwei Figuren in Lebensgrö-
ße verschönern lassen, deren eine den angeblich ersten Wiener Kaffeesieder Kolschitzky darstellte. Das
Kaffeehaus, so beschreibt es der Lokalhistoriker Gustav
Gugitz, genoß den Ruf, eines der ruhigsten und solide-
sten zu sein, da sich dort viele in den Ruhestand ver-
setzte Militärs und Beamte versammelten. Man fand daselbst auch vorzügliche Schach- und Whistpartien und
zur Zeit des Karnevals einen kräftigen Eierpunsch, der
bisweilen ein lauteres Leben hervorrief.

Das Kaffeehaus gelangte 1840 in den Besitz eines
Herrn Kasimir, der allerdings im nämlichen Jahr, erst
33jährig, verstarb, später, um 1849, in den des Herrn
Anton Sagorz, der es um diese Zeit durch Johann Zizu-
la umgestalten und mit Billardtischen versehen ließ.
1857 befand es sich noch im Besitz von Sagorz. Das
Lokal hat sich rühmlich als Kaffeehaus Herzog und
nach der Jahrhundertwende als Kaffeehaus des Josef
Frauenhuber bis auf unsere Tage erhalten.

*F*REY

Café-Restaurant
4., Favoritenstraße 44
Tel. 504 65 61
Montag bis Samstag 7 – 23 Uhr,
Sonn- und Feiertage 10 – 1 Uhr früh.

*An der Ecke zur Rainergasse und nahe der
U1-Haltestelle „Südtiroler Platz" (Ausgang
Kolschitzkygasse) gelegen, mit Tageskarte,
hausgemachten Mehlspeisen, Frühstück bis
11 Uhr, Jause von 14 – 17 Uhr. Zahlreiche
Zeitungen sowie Nichtrauchertisch und
Extrazimmer.*

„Vielleicht der Herr Bronstein?"

In der Kolschitzkygasse, an der Ecke zur Favoritenstraße Nummer 64, wo sich einst das „Grand Café Zweri-

na" befunden hatte, erinnert in der Höhe des ersten Stockes das von Cafetier Karl Zwerina gestiftete und vom Bildhauer Emanuel Pendl 1884 geschaffene Denkmal des legendenumwobenen Georg Franz Kolschitzky an die Gründerzeit des Wiener Kaffeehauses. Einige Häuser bergabwärts, mit hellblauer Fassade im eher grauen Bezirk, liegt seit über hundert Jahren das kürzlich neo-biedermeierlich renovierte Eckcafé Frey, in dem bis vor wenigen Jahren noch das Schwarz-Weiß der Schachbretter überwog. Der 1921 gegründete Schachverein Hietzing hatte hier seinen Stammsitz, und im Inneren, nahe dem Eingang, erinnerte ein Ölporträt an den Großmeister Carl Schlechter (1874–1918).

Bald nach der Ära Kolschitzky war Schach, neben Billard und Kartenspiel, die große Leidenschaft der Wiener Kaffeehausgänger geworden. 1773, im josefinischen Wien, wurde bereits im Café Milani am Kohlmarkt, Ecke Wallnerstraße, Schach gespielt, ebenso wie im Griechischen Kaffeehaus am Fleischmarkt. Die Liebhaber desselben, schreibt Gustav Gugitz, versammelten sich auch im ersten Stock des Kaffeehauses Zur Krone, dem ehemaligen Literatencafé Kramer, an der Ferdinandsbrücke. „Als Matador begann Allgaier zu gelten. Sein Gambit ward noch lange als gefährliche Spielweise bezeichnet. Später befand sich das Hauptquartier der Wiener Schachspieler gleichfalls im ersten Stock des Neunerschen Kaffeehauses, das bezeichnender Weise das Literatenkaffeehaus des Vormärz wurde. Das Schachspiel wurde also hauptsächlich und vorerst in diesen schöngeistigen Kreisen betrieben."

Bei Neuner, dem „Silbernen Kaffeehaus" Ecke Spiegel- und Plankengasse, glänzte ein junger Beamter namens Withalm und „hätte sich in anderen Weltstädten durch sein Genie bereichern können", urteilt Gugitz, doch: „So sprach er aber nur deutsch und lebte in ärmlichen Verhältnissen." Der Schachklub, der hier gegründet wurde, bestand fast bis zur Auflösung des „Silbernen Kaffeehauses", bis 1853, wo er zu Heidner und Bogner übersiedelte.

In nächster Nähe des Neunerschen Kaffeehauses hatte sich bereits um 1820 das Lokal des Franz Leibenfrost aufgetan. Schachspieler waren hier ebenso häufig versammelt wie beim Bogner, Ecke Singerstraße und Blutgasse, und als Alois Hänisch 1824 in die Himmelpfortgasse übersiedelte, fanden sich auch hier zahlreiche Anhänger des Brettspieles zusammen. Wo sich heute das Wiener Volkstheater befindet, stand um 1800 herum bereits das Kaffeehaus des Johann Eichhorn, ab 1840 „Weghuber" genannt, von dem Karl August Schimmer in seinem Werk „Die Franzosen in Wien" berichtet, daß es in diesem Lokal am 6. Jänner 1806 zu einem Rencontre zwischen französischen Besatzungsoffizieren und dem Markör gekommen sei. Im „Eichhorn" verkehrten Ferdinand Raimund und Therese Krones, Franz Schubert, Lanner und Strauß, und hier wurde auch begeistert Schach gespielt.

Im berühmten Café Central war das geräumige Hinterzimmer den Schachspielern vorbehalten, die dort bei Tag und Nacht über ihre Bretter gebeugt saßen. Der Schriftsteller Percy Eckstein, Sohn des bekannten Polyhistors Friedrich Eckstein aus dem „Imperial", erinnerte sich noch 1960 an jene schweigenden Gestalten: „Ein offener, weiter Durchblick verband das Schachzimmer mit den vorderen Sälen, aber Kontakt gab es trotzdem nur wenig zwischen den Matadoren dort hinten und dem Rest der Gäste. Eingesponnen in ihre künstliche Sonderwelt und deren Probleme, schienen die Schachspieler teilnahmslos gegenüber dem, was sich rings um sie in den äußeren Zirkeln der Welt zutrug. So grübelten sie also auch noch weiter über ihren Partien, während bereits Wien, Europa, die ganze Welt dem Kriegsausbruch entgegenfieberte."

Ein wirrbärtiger Emigrant namens Bronstein, der später als Leo Trotzki zu einer gewissen Berühmtheit gelangte, saß von 1907 bis zum Kriegsausbruch alle Tage vor seinem Schachbrett und schien für wenig anderes auf der Welt Interesse zu hegen, auch nicht für die österreichischen Sozialdemokraten; er hatte zwar, wie er in seinen Memoiren berichtet, „mit ehrfurchtsvollem Interesse ihrer ersten Unterhaltung im Café ‚Zentral' zugehört", doch schon „sehr bald gesellte sich zu meiner Aufmerksamkeit ein Erstaunen. Diese Menschen waren keine Revolutionäre. Mehr noch: sie stellten einen Menschentypus dar, der dem Typus des Revolutionärs entgegengesetzt war."

Wie Milan Dubrovic in seinem Erinnerungsband „Veruntreute Geschichte" für immer und allemal richtiggestellt hat, war es dann auch nicht der k. u. k. Außenminister Graf Ottokar Czernin von und zu Chudenitz, sondern der weithin bekannte Oberkellner Johann Czerny vom Central gewesen, der den vielzitierten Ausspruch im Schachzimmer tat, als in Petersburg die Revolution ausbrach. Oberkellner Johann Czerny rief

damals, die Weltgeschichte ironisch kommentierend, aus: „Der Rädelsführer ist vielleicht der Herr Bronstein aus dem Schachzimmer!"

GOLDEGG

4., Argentinierstraße 49
Tel. 505 91 62
Montag bis Freitag 7 – 23 Uhr,
Samstag, Sonn- und Feiertage 8 – 19 Uhr.

Alt-Wiener Kaffeehaus mit kleinem Speisenangebot, zwei Billardtischen und Zeitungen.

Vorstadtcafé, neu gestrichen

Den kleinen Vorstadtkaffeehäusern, in denen der volksnahe Humor noch lebt, etwas lauter vielleicht, aber auch unmittelbarer als in der Innenstadt, diesen Kommunikationspunkten weit außerhalb des Ringes, wo der Fremde noch als angenehme Unterbrechung der gewohnten täglichen Gesichterreihe wirkt und wo der Kleine Braune nicht schlechter ist als in der Stadt, aber dafür billiger, diesen Bezirkscafés wurde bisher, vielleicht mit Ausnahme jenes kleinen in Hernals, viel zu wenig gedacht.

An diesem Montag im November 1988 mischen sich in den Tabakrauch noch die Gerüche von Farbe, frischem Mörtel und Holzpolitur, das „Goldegg" in der Argentinierstraße hat nach seiner Renovierung wieder geöffnet. Das 1910 von der Familie Dobner gegründete Lokal wurde unter Denkmalschutz gestellt und vom Cafetier Friedrich Turek um 3,2 Millionen Schilling (davon 2 Millionen aus dem Altstadterhaltungsfonds) behutsam restauriert. Mit den beiden Billardtischen, seinen grünen Plüschbänken und der braunen Holztäfelung, den Jugendstillampen und Bugholzsesseln sieht es nicht viel anders aus als zuvor, nur eben frisch gestrichen.

„Es war ein Vorstadtcafé", schrieb die Feuilletonistin Thekla Merwin über ein ähnliches Lokal 1931, „Heim des Junggesellen, den abends vier traurige Wände erwarten – Zuflucht des geplagten Familienerhalters, der sich zwischen Geschäft und Wohnung, zwischen Verdrießlichkeit und Langeweile eine Stunde der rätselhaften Erholung, gemischt aus Tabakdunst, Kaffeearoma und Zeitungsdruck, hingibt. Hüben und drüben des Äquators mag es ungeheuer Schönes, ungeheuer Vielfältiges geben – aber in allen fünf Erdteilen der Welt gibt es nur ein richtiges Wiener Kaffeehaus, und das steht in Wien." Hinter der Elisabethkirche steht es, in der Argentinierstraße, gegenüber dem Pensionistenheim.

„Aber unsere beste Bildungsstätte für alles Neue blieb das Kaffeehaus.

Um dies zu verstehen, muß man wissen, daß das Wiener Kaffeehaus eine Institution besonderer Art darstellt, die mit keiner ähnlichen der Welt zu vergleichen ist. Es ist eigentlich eine Art demokratischer, jedem für eine billige Schale Kaffee zugänglicher Klub, wo jeder Gast für diesen kleinen Obolus stundenlang sitzen, diskutieren, schreiben, Karten spielen, seine Post empfangen und vor allem eine unbegrenzte Zahl von Zeitungen und Zeitschriften konsumieren kann."

Stefan Zweig,
Die Welt von Gestern,
Stockholm 1944

GRIENSTEIDL

Café-Restaurant
1., Michaelerplatz 2
Tel. 535 26 92-0
Montag bis Sonntag 7 – 24 Uhr.

Geräumiges Ecklokal mit umfangreicher Speisekarte und zahlreichen in- und ausländischen Zeitungen, im Sommer 1990 am einstigen Ort der Kaffeehauslegende „Griensteidl" wiedererrichtet. Vorgarten mit Aussicht auf Hofburg und Looshaus.

Die Erfindung der Moderne

Am 30. Dezember 1842 gründete der Apotheker Heinrich Griensteidl ein kleines Kaffeehaus in der innerstädtischen Biberstraße. Anfang 1847 übersiedelte er in das Herberstein-Palais Ecke Schaufler- und Herrengasse. Das Lokal trat bald die Nachfolge des Literaturcafés Neuner an, in dem Nikolaus Lenau, Franz Grillparzer, Zedlitz, Bauernfeld und Anastasius Grün, Castelli und Feuchtersleben verkehrt hatten. Bereits im Revolutionsjahr 1848 galt das Griensteidl als das bedeutsamste und erhielt die Bezeichnung „Nationalcafé" verliehen. Kunstkritiker und Dichter fanden sich im 1858 renovierten Kaffeehaus ebenso ein wie Anarchisten, Sozialisten und Demokraten, treu umsorgt vom Zahlmarqueur Schorsch, der als Polizeikonfident und Überwacher der „Times"-Leser in Erinnerung blieb. In den achtziger Jahren, als hier die Sozialdemokratie zu verkehren pflegte, gebar im Griensteidl der Stammtisch um Hermann Bahr die Jung-Wiener Literatur. Mit einer Verspätung von etwa dreißig Jahren gegenüber Paris begannen nun die Wiener Schriftsteller mit ihrer Décadence, mit dem Kult des Schönen, der Ästhetisierung des Lebens und der Verabsolutierung des Formalen. Die realitätsmildernde Treibhausatmosphäre des Kaffeehauses, seine immergleichen Kulissen und der Reigen vertrauter Gesichter gewährten Schutz vor dem Leben draußen. „...und allnächtlich kam man zusammen, sich mit dem Leben auseinanderzusetzen, oder, wenn's hoch herging, das Leben zu deuten", schrieb

Karl Kraus über die literarischen Gewohnheiten im Café Griensteidl. Hermann Bahr war es auch, der das Kaffeehaus mit einer „platonischen Akademie" verglich, und tatsächlich war um das Jahr 1891 herum die Kaffeehausliteratur im Zeichen der Wiener „Moderne" – ein Begriff, den einer aus der Griensteidl-Clique geprägt hatte – bis zur Selbstisolierung in der Bohème gelangt, war im Schatten des Elfenbeinturmes eine Verschmelzung von Literatur und Kaffeehaus erreicht worden. Das Griensteidl mit Bahr, Beer-Hofmann, Andrian-Werburg, Schnitzler und Hofmannsthal war zum „Café Größenwahn" ähnlich dem Berliner Café des Westens und die Kaffeehausliteratur zu jenem einprägsamen Erscheinungsbild geworden, dem Moriz Jung auf den Postkarten der Wiener Werkstätte zu späterer Popularität verhelfen sollte: egozentrisches Genie seiner Selbstdarstellung. Reiche satirische Beute also für den jungen Karl Kraus, der nach Schließung des Griensteidl in der Nacht vom 20. auf den 21. Jänner 1897 in seiner Satire „Die demolirte Litteratur" mit den „Modernen" abzurechnen begann. Nach der Demolierung des Herberstein-Palais übersiedelte ein Teil der Literaten ins Café Central, wo um Peter Altenberg ein weiterer Kaffeehausliteratenkreis entstand, während Kraus daranging, gemeinsam mit dem Architekten Adolf Loos gegen die modisch gewordene Moderne anzukämpfen. Letzterer sollte dann, Ornament, Großbuchstaben, Perforation auf Herrenschuhen, Wiener Schnitzel und eingebranntes Gemüse verdammend, die schmucklose Inneneinrichtung des 1899 eröffneten Café Museum gestalten.

GRILLPARZER

19., Döblinger Gürtel 2
Tel. 34 54 85
Montag bis Samstag 7 – 2 Uhr früh,
Sonn- u. Feiertage 7 – 24 Uhr.

Angenehm altertümliches Café mit
Tageskarte, Mehlspeisen, Extrazimmer,
Zeitungstisch, Schach und kleinem
Vorgarten mit Blick auf Gürtelkreuzung
und Stadtbahnbögen.

Zwischen Gürtel und Liechtenwerder Platz

1905, als das vierstöckige Eckhaus am Döblinger Gürtel
fertiggestellt war, befand sich bald ein kleines Volks-
café darin, das in der lokalgeschichtlichen Studie Adolf
Scherpes über die Wiener Kaffeehäuser 1919 „Lichtenwerd" genannt und von der Familie Schaller, vormals
Valek, betrieben wurde. 1933 wurde das Lokal vergrö-
ßert, erhielt es sein heutiges Aussehen, eine neue Besitzerin, die es dann 53 Jahre hindurch führte, und seinen
nunmehrigen Namen „Grillparzer".
Wenig später fand sich einige Häuser bergabwärts, auf
dem Platz mit seiner weiten Aussicht auf die tiefer liegenden Bahnanlagen, einer „zutage liegenden Unter-
welt", das Café Liechtenwerd, dem Heimito von Doderer in seinem „Divertimento No. VII: Die Posaunen von
Jericho" ein literarisches Denkmal gesetzt hat. Und in
seinem Roman „Die Dämonen" erzählt er von den beiden Freundinnen Licea und Sylvia, die beschließen, in
dieser Gegend, in „Freuds Branntweinschank", einen
Schnaps zu trinken. „Man hätte aber, wenn solches
schon unbedingt sein mußte", wie der Lokalkenner
Doderer milde tadelnd schrieb, „ohne Zweifel besser
getan, die Kostprobe in einem anständigen Café zu machen, deren es gleich zwei in nächster Nähe gab, das
eine hieß gar ‚Café Grillparzer' und das andere, kleinere, lag am Liechtenwerder Platz. Aber nein, es mußte
der Freud sein."

GRÖPL *(BAWAG-CAFÉ)*

13., Am Platz 6
Tel. 877 93 38
täglich 7–20 Uhr.

*Espresso-Angebot, kleine Imbisse und viele
Mehlspeisen. Schöner Kaffeehausgarten mit
Blick auf die Hietzinger Kirche.*

„Servus, Schah!"

An einem der schönsten Plätze der Stadt gelegen, ist es
bald nach seiner Eröffnung um die Jahrhundertwende
zu einem Begriff geworden. In enger Nachbarschaft
des Schönbrunner Tores, des Kaiserstöckls, der alters-
grauen Hietzinger Kirche und an der Einmündung der
Maxingstraße, in der Johann Strauß seine „Fledermaus"
komponierte, lag einst das Café Gröpl. Seit den siebziger Jahren erinnert an das Alt-Wiener Lokal nur noch
ein kleines, zweigeschossiges Café-Espresso, gleich
links neben der großen Bank.
Erzherzöge gingen hier ein und aus, Graf Paar, der Ad-
jutant Kaiser Franz Josephs, trank im „Gröpl" täglich
seinen Mokka und die Fürstin Pauline Metternich ihren
Jausenkaffee, berichtete die „Wiener Zeitung" wehmü-
tig 1947; Sonnenthal und Schildkraut, Girardi und die
Odilon, die Schwestern Sandrock und die Brüder Tau-
tenhayn, sie alle waren hier zu Hause. Nach der Umgestaltung des Lokals durch Architekt Carl Witzmann in
den zwanziger Jahren erschloß sich das „Gröpl" einem
neuen Publikum: der Shaw-Übersetzer Siegfried Tre-
bitsch, Adolf Loos, die Jeritza, Leo Slezak, die Niese
und die Werbezirk, Willi Forst und Hubert Marischka
fanden sich nun ein. Der bekannteste Stammgast durch
all die Jahre blieb aber die „Gnädige Frau" des altern-
den Kaisers, Katharina Schratt, die in der nahen Glo-
riettegasse wohnte.
Der Ober Franz, den Anton Wildgans „in der Bedienung vieler Genies selbst ein Genie", ein andermal den
„literarischen Ober von Wien" nannte und ihm seine
Werke mit der handschriftlichen Widmung „Dem Ober
Franz, der unfehlbaren Stimme aus dem Volke" zu
schenken pflegte, dieser Ober Franz hatte wohl sein
stolzestes Erlebnis, als der einstige Schah von Persien,

Nasr ed-Din, das „Gröpl" besuchte und in vorgerückter Stunde mit Ober Franz Bruderschaft trank. Aber wie mag sich der orientalische Potentat erst gefreut haben, als ihn Franz am nächsten Morgen aufgeräumt mit dem freundschaftlichen Gruß „Servus, Schah!" empfing.

H_{AAG}

1., Schottengasse 2
Tel. 533 18 10/Gästeruf: 533 23 44
Montag bis Freitag 7 – 22 Uhr,
Samstag 8 – 20 Uhr,
Sonntag 10 – 20 Uhr (Juni, Juli, August
Sonntag geschlossen).

Warme Küche um die Mittagszeit, ganztägig kleine Imbisse und zahlreiche Mehlspeisen. Schöner, schattiger Garten im historischen Schottenhof.

Ein Kapuziner im Klostergarten

„Schotten" nannten sie die Wiener, jene irischen Mönche, die um 1155 von Heinrich II. Jasomirgott in die Stadt berufen wurden, um hier ein Kloster zu errichten. Und so überlebte der Irrtum mit seltsamem Starrsinn gleich mehrfach und bis heute: als Schottenhof, Schottentor, Schottengymnasium, Schottenturm, Schottenring, Schottensteig, Schottenstift, Schottenkirche, Schottenpassage, Schottenkeller und Schottengasse – in der sich auf Nummer 2 das Café Haag befindet und wo bereits im 16. Jahrhundert ein Einkehrgasthof für Postillons existiert hatte.
Geübte Stammgäste unterscheiden im Lokal zwischen Gassen- und Hofseite und sitzen im Sommer am liebsten draußen im Schottenhof unter schattigen Kastanienbäumen bei einem dunkelbraunen, einer Mönchskutte ähnlich gefärbtem Milchkaffee namens „Kapuziner".

Der Schottenhof mit seinen ruhigen, sonnigen Hoftrakten wurde zwischen 1826 und 1832 nach den Plänen des berühmten Architekten Kornhäusel erbaut (der 1819 bereits Wagners Kaffeehaus in der Taborstraße entworfen hatte); Franz Liszt bezog hier sein Stadtquartier, und Heinrich Ferstel, der Erbauer der Räumlichkeiten des späteren Café Central, lebte hier lange Jahre. „Dieser Garten ist einer der lauschigsten der Kaffeehausgärten Wiens", schrieb Auguste Groner in ihren Erinnerungen an das alte Wien in den zwanziger Jahren. „Da kann man drei ‚Vaterunser' weit vom Stephansplatz, auf echtem Gras und von frischem Grün umgeben, sich wohl fühlen. Jenseits des Gehweges, ober dem Eingang in das Kaffeehaus, steht mit entzückend echten, alten Lapidarbuchstaben, mit solchen, die über einem Boulevardcafé zur Zeit des ersten Napoleon geprangt haben könnten: Patisserie, Café, Confiserie. Das echte, alte Wien war immer etwas Französisch."

„Das Rundschreiben des Herrn Minister-Präsidenten, Fürsten Auersperg, welches den Behörden einschärft, die Zeitungen mit größerer Sorgfalt zu confisciren, als bisher, und die Beamten, damit ihnen kein Zeitungsblatt entgehe, auffordert, ‚die Kaffeehäuser zu besuchen' und jene so lange zu lesen, bis sie ein Preßvergehen darin entdecken, hat bei allen Kaffeesiedern, die jetzt einem größeren Absatz ihrer anregenden Getränke entgegensehen, eine freudige Ueberraschung hervorgerufen."

Daniel Spitzer,
Wiener Spaziergänge,
19. November 1876

*H*AWELKA

1., Dorotheergasse 6
Tel. 512 82 30
8 – 2 Uhr früh, Sonntag 16 – 2 Uhr früh,
Dienstag Ruhetag.

*Gegenüber dem einstigen „Graben-Hotel",
in dem Peter Altenberg von 1913 bis zu
seinem Tod im Jänner 1919 logierte, und
neben der „Casanova-Bar" befindet sich das
Innenstadt-Café des Herrn Leopold
Hawelka. An den garantiert
nichtrenovierten Wänden prangen Bilder
und Plakate der neuesten Theater- und
Konzertveranstaltungen, am Morgen gibt es
druckfrische Zeitungen und am Abend
warme Buchteln.*

„Wenn das Hawelka nicht wär' . . ."

Friedrich Torberg, soeben aus dem amerikanischen
Exil zurückgekehrt, fragt Hans Weigel: „Wo sitzt man
nach Mitternacht?" Wie Weigel in seinem einleitenden
Essay zum Buch „Wiener Kaffeehäuser" schreibt, er-
wähnt er schließlich das Café Hawelka in der Dorotheergasse. „Das hat ja nur bis zwei offen", erwidert
daraufhin Torberg. „Nach einem Jahrzehnt des Fern-
seins", wunderte sich der Schriftsteller noch Jahre später, „war er höchstens drei Tage wieder in Wien. Aber
über die Öffnungszeiten des Hawelka war er bereits
informiert."
In seiner rasch zupackenden Art hatte der bisherige
Servierkellner Leopold Hawelka am Sonntag geheiratet
und bereits am nächsten Morgen, dem 1. Dezember
1936, das Café Alt-Wien in der Bäckerstraße eröffnet.
Drei Jahre hindurch führte das Ehepaar das Lokal in
Pacht, und vielleicht wäre es d a s Café Hawelka geworden, hätte sich der geforderte Kaufpreis nicht als
zu hoch erwiesen. Schließlich bot sich das von einem
Hoffmann-Schüler eingerichtete und in den zwanziger
Jahren von Ludwig Reicher betriebene Café Ludwig-
Carl in der Dorotheergasse zum Kauf an. Am 15. Mai

1939, um halb drei Uhr nachmittags, so erinnerte sich Leopold Hawelka fast fünfzig Jahre später, habe er dann den Vertrag unterschrieben. Ein Jahr später wurde er jedoch zur Wehrmacht eingezogen, und Josefine Hawelka mußte das Lokal sperren. Aus dem Krieg zurückgekehrt, ging er in den Wienerwald Holz sammeln, um das Lokal zu beheizen, und hielt die Familie und das Café, beide seither zu untrennbarem Begriff verschmolzen, mit Schleichhandel über Wasser.

In den frühen fünfziger Jahren entdeckten junge Schriftsteller, Maler, Architekten und die Boheme das Kaffeehaus, und bald wurde es zum Intellektuellentreffpunkt Wiens, zum Erbe des „Central" und des „Herrenhof". Die Maler Brauer, Fuchs, Hausner und Hutter, die soeben die Schule des phantastischen Realismus zu propagieren begannen, fanden sich ein, die Wiener Gruppe um H. C. Artmann, Konrad Bayer, Friedrich Achleitner, Gerhard Rühm und Oswald Wiener trank hier täglich nicht nur Kaffee, Stammgäste waren auch die bereits arriviierteren Schriftsteller Csokor, Doderer, Torberg, Weigel und auch Elias Canetti, über den Frau Hawelka gegenüber André Heller aufmunternd bemerkte: „Der Herr Canetti ist auch nicht immer *der* Herr Canetti gewesen." Helmut Qualtinger und Oskar Werner, Kunsthändler und Galeristen saßen im „Hawelka" enggedrängt, nach Hausart geschlichtet „wie die Sardinen", pflegte Herr Hawelka nicht ohne Stolz zu behaupten, und fotografiert hat sie alle Franz Hubmann, der daraus den Band „Café Hawelka" gestaltete.

Als Leopold Hawelka 1991 seinen 80. Geburtstag feierte, konnte der ambitionierte Kunstsammler auf ein fünfundfünfzigjähriges abwechslungsreiches Ehe- wie Kaffeesiederleben zurückblicken, und zum Mythos ist inzwischen auch sein Gästebuch geworden, in das Hans Weigel einst geschrieben hat: „Wenn das Hawelka nicht wär', müßte man es erfinden."

<hr>

„So leben wir alle Tage. Nämlich im Kaffeehaus. Von acht Uhr früh bis zwei Uhr nachts spielt sich hier ein wesentlicher Teil des Wiener Lebens ab. Hier werden die Meinungen gebildet, die Gemeinplätze und manchmal auch die Gemeinheiten."

Ludwig Hirschfeld,
Das Buch von Wien,
München 1927

Herrenhof

1., Herrengasse 10
Tel. 533 51 47
Montag bis Freitag 7 – 22 Uhr,
Samstag 9 – 22 Uhr,
Sonntag geschlossen.

*Café-Espresso in den Mauern des einstigen
Literaturkaffeehauses, mit Frühstück bis
11 Uhr und ganztägig warmer Küche.*

In der Revolution geboren

Fast auf den Tag genau so alt wie die Erste Republik ist
das im revolutionären November des Jahres 1918 vom
Kaffeesieder Bela Waldmann gegründete Café Herrenhof, „und ähnlich wie die Republik das Erbe der Monarchie antrat", schrieb Friedrich Torberg, „trat das Café
Herrenhof das Erbe des ihm unmittelbar benachbarten
Café Central an." Und es liegt, eine interessante topo-
graphische Sonderlichkeit, ebenfalls in der schmalen,
vornehmen Herrengasse, dort, wo sich schon die berühmten Literaturkaffeehäuser Griensteidl und Central
befunden hatten.
„Bruder – das war doch etwas anderes!" rief Anton
Kuh noch in den dreißiger Jahren, an die Lokaleröff-
nung zurückdenkend, aus: „Ein breites, helles, prächti-
ges, unpersönliches, bourgeoises Familiencafé." „Es
war ein weitläufiges, großräumiges Etablissement, dessen dekoratives Interieur dem Jugendstil nachempfun-
den war", schrieb auch Milan Dubrovic in seinem Buch
„Veruntreute Geschichte". Man trat in einen Saal, der
von einem gelben Glasdach erhellt wurde und zahlreiche, sternförmig angeordnete Logen aufwies. Im Hin-
tergrund befand sich ein weiterer Raum, an den sich
ein Spielzimmer Richtung Wallnerstraße anschloß. An
den Fensternischen im vorderen Saal saßen die promi-
nenten Stammgäste bereits während der frühen Nach-
mittagsstunden, doch das eigentliche literarische Leben
entfaltete sich später am Abend in den Logen des hinteren Saales.
Die Revolution war jung und die Psychoanalyse auch:
Weininger, noch im „Central" respektabel gehandelt,
wurde nun von Schülern Freuds verdrängt, an ihrem

Stammtisch im „Herrenhof" fanden sich die Psychoanalytiker Alfred Adler (der ebenso häufig im Café Siller am Donaukanal anzutreffen war), Adolf Josef Storfer, Jakob Moreno Levy, Otto Groß und Siegfried Bernfeld ein. Peter Altenberg, wurde durch Kierkegaard ersetzt, und „statt des Espritlüftchens von Wien", vermerkte Anton Kuh, „wehte der Sturm von Prag".

Prags stürmische Jugend versammelte sich vor allem um den Devisenhändler und literarischen Berater Franz Werfels, Ernst Polak, der damals noch mit Kafkas Briefpartnerin Milena Jesenská verheiratet war. Unter den jüngeren Dichtern zählten Heimito von Doderer, Elias Canetti, Ernst Fischer, Alexander Lernet-Holenia zu den Stammgästen des „Herrenhof", und von den bekannteren waren Hermann Broch, Willy Haas, Anton Kuh, Gina Kaus, Robert Musil, Max Brod, Alfred Polgar, Joseph Roth und Vicki Baum vertreten. Egon Friedell schaute vorbei, auch Robert Neumann und Hilde Spiel; Leo Perutz, Arnold Höllriegel von der hier vielgelesenen „Stunde" und Otto Soyka stritten täglich im „Herrenhof", und der ehemalige Bankangestellte Lazy Löwenstein brillierte an verschiedenen Tischen, ehe er als Peter Lorre für den Film entdeckt wurde.

Auch die exakte Wissenschaft war rege vertreten: Historiker, Physiker, Mathematiker, Philosophen der eben modern gewordenen positivistischen Richtung, die Sozialwissenschaftler Otto Neurath, Paul Lazarsfeld und Hans Zeisel sah man hier mehrmals wöchentlich. Milan Dubrovic hat sie alle in seinem Buch gesammelt und gelangt bei seiner Aufzählung der prominentesten Stammgäste auf eineinhalb engbedruckte Seiten.

Am 19. März 1938 erhielt das Café Herrenhof eine „arische Geschäftsführung" verordnet, und damit war auch das Ende für viele Stammgäste gekommen, die nun

---

„Was ist ein Kaffeehausliterat? Ein Mensch, der Zeit hat, im Kaffeehaus über das nachzudenken, was die anderen draußen nicht erleben."

Anton Kuh,
Physiognomik. Aussprüche,
München 1931

dem Exil oder der Verfolgung entgegensahen. Allein der Oberkellner Franz Hnatek sorgte noch für Kontinuität im verlassenen Literaturcafé. Wie Friedrich Torberg 1958 in seinem „Requiem für einen Oberkellner" überlieferte, beugte er sich am Tag, da die alliierten Truppen in Frankreich landeten, beim Kassieren ein wenig tiefer zum Stammgast hinab und fragte: „Glauben Herr Redakteur, daß die anderen Herren jetzt bald kommen werden?"

Allzu viele kamen nicht mehr zurück ins Café Herrenhof. Und als nach 1945 der vordere Saal mühsam von Albert Kainz und dem alt gewordenen Oberkellner Hnatek weitergeführt wurde, umgab sie lediglich eine Handvoll Zurückgekehrter. Der fahlgesichtige Otto Soyka und der Regisseur und Dichter Berthold Viertel saßen als letzte Wahrzeichen einer vergangenen Welt mitunter noch hier. Bald nach deren Tod wurde das einst ruhmreiche „Herrenhof" 1961 geschlossen und später, ein letzter verbliebener Rest, als modernisiertes Café-Espresso geführt. Zuvor schon hatte das einstige intellektuelle Literaturcafé, schrieb Hilde Spiel, „seinen Geist längst aufgegeben".

„Vielleicht besteht in einem aufstrebenden Staat, der seine Künstler hegt, pflegt und mit Preisen krönt, kein äußerer Grund zur Flucht in ein Schattendasein. Die französische Zensur, der Wurm im Wohlstand der Gründerzeit, die Wehmut des Fin-de-siècle, die Vorahnung des Zusammenbruchs und das Elend des Zwischenreiches – sie alle hatten schöpferische Menschen von der Wirklichkeit abgeschreckt. Heute kann man dem Alltag in Österreich getrost in's Auge blicken. Wer dennoch den Schwebezustand, den jeweiligen Ruhepunkt im Vergänglichen, den behaglichen Unbestand des Kaffeehauses sucht, der tut es aus einem tief eingewurzelten Hang zur Abkehr und Einkehr. Wie schrieb Alfred Polgar einst? ‚Das Café Central ist eine Weltanschauung, und zwar eine, deren innerster Inhalt es ist, die Welt nicht anzuschauen.'

In Wien stirbt diese Weltanschauung niemals aus."

Hilde Spiel,
Das Kaffeehaus als Weltanschauung,
München 1963

AM *H*EUMARKT

Café-Restaurant
3., Am Heumarkt 15
Tel. 712 65 81
Montag bis Freitag 9 – 23 Uhr,
Samstag, Sonntag, Feiertage geschlossen.

*Durchgehend warme Wiener Küche. Mit
Extrazimmer, Billard- und Zeitungstisch.
Jeden 2. Sonntag ab 9 Uhr früh Treffpunkt
des Briefmarkenvereins „Europa".*

Zahlen beim Herrn Karl

Nur noch eine bemerkenswerte Steinsäule gegenüber
dem Eingang und die Heizung erinnern im Innern des
Lokals daran, daß der Baumeister Anton Oelzelt dieses
Gründerzeitgebäude um 1855 auf dem Heumarkt errichtet hatte, dort, wo damals noch große Mengen Heu
allwöchentlich aus Ungarn zugeführt wurden und hier
zum Verkauf gelangten.

„Im Café Heumarkt bin ich noch immer böse auf Lina,
denn sie ist die gefährliche Mitwisserin mancher meiner Gedanken", heißt es in Ingeborg Bachmanns Roman „Malina". Und: „Ich rufe: Zahlen bitte! Herr Karl
ruft freudig: Komme gleich! und verschwindet. Ich bin
zu ungerecht, ich zerknülle die Papierserviette, auf die
ich ein paar Satzfetzen geschrieben habe, das dünne
Papier weicht auf im Kaffee, der übergeschwappt ist
auf das Tablett. Ich will sofort nach Hause gehen, ich
will in die Ungargasse, ich werde Lina verzeihen, Lina
wird mir verzeihen."

Ich schlage das Buch zu und rufe probeweise ins leere
Lokal: Zahlen bitte! Herr Karl ruft freudig: Komme
gleich! und wendet sich addierend meinem Tische zu.
Später, schon vor dem Eislaufplatz, grüble ich: Kannte
Herr Karl den Roman schon?

„Wenn ein Kellner oder eine Kellnerin ,Gleich!' sagt, so ist
das ein Aufruf an die menschliche Geduld, dem jeder Gast
Folge leisten muß."

Johann Nestroy, 1846

---

*H*UMMEL

Café-Restaurant
8., Josefstädter Straße 66
Tel. 42 53 14, 43 08 19
Montag bis Sonntag 7 – 2 Uhr früh.

Reichhaltiges Speiseangebot, Schach- und Kartentische, Fernsehzimmer, großer Vorgarten, zahlreiche in- und ausländische Zeitungen.

Ort der Vielfalt

Das Eckcafé in der Josefstädter Straße feierte am 7. Oktober 1993 sein 60jähriges Bestehen mit türkischem Festzelt, türkischem Kaffee, türkischer Musik und Folklore und einigen wenigen türkischen Gästen. Seit es in den siebziger Jahren eine einschneidende Neugestaltung erleben mußte, ist das Kaffeehaus zu einem Ort unterschiedlicher Interessen geworden: von der umfangreichen Speisekarte bis zum Fernsehzimmer, von den Spieltischen bis zur langgestreckten Theke, vom einarmigen Spielautomaten bis zum alleinstehenden Rapid-Anhänger werden hier zahlreiche Kulturangebote bis spät in die Nacht hinein befriedigt. Ein Ort auch der Anonymität und der langen Sonntagabende für jene, die die Straßenbahn längst versäumt haben.

IMPERIAL

Ringstraßen-Café
1., Kärntner Ring 16
Tel. 501 10/389
täglich 7–23 Uhr.

Traditonsreiches Wiener Konzert-Café mit
reichhaltigem Frühstücksangebot, kleiner
Tageskarte und Wiener Jause.
Klaviermusik: Donnerstag und Samstag
15.30–17.30 Uhr. Am Sonntag entweder
Klaviermusik oder Damenkapelle 15.30 bis
17.30 Uhr. Im Sommer kleiner Vorgarten
an der Ringstraße.

Eckstein, die tragende Säule

In Arthur Schnitzlers Roman „Der Weg ins Freie" wird
Georg von Wergenthin vor dem Stadtpark von Willy
Eißler angesprochen. Beide schlendern sie, ins Ge-
spräch vertieft, ringaufwärts. „Sie waren vor dem Café
Imperial angelangt. Willy blieb stehen. ‚Ich habe da ein
Rendezvous mit Demeter Stanzides.' ‚Grüßen Sie ihn,
bitte.' ‚Danke bestens. Kommen Sie nicht mit hinein,
auf ein Eis?' ‚Danke, ich bummle noch ein bißchen.'"
Neben Stanzides hätte Georg von Wergenthin vor allem seinen Autor Arthur Schnitzler im Café Imperial
antreffen können, der am 3. Oktober 1892 nach einem
vorangegangenen Kaffeehausbesuch in sein Tagebuch
notierte: „Eckstein ganz blöd." Der vom Dichter so
charakterisierte Friedrich Eckstein bildete damals
gleichsam die tragende Säule des Lokals. Sein Stammplatz befand sich im zweiten Saal links, und wie der
einst vielgelesene Schriftsteller René Fülöp-Miller berichtete, habe er hier Eckstein von Morgen bis Mitternacht sitzen sehen, und führt als Zeugen den greisen
Oberkellner Julius an, der Eckstein schon in derselben
Ecke des Kaffeehauses vorgefunden haben soll, als er
seine Laufbahn als Pikkolo begann.
„Zwar hatte es auch andere berühmte Stammgäste aufzuweisen", schrieb Friedrich Torberg über das Café Imperial von einst, „aber der Polyhistor Eckstein war der
berühmteste. Hochmusikalisch, in seiner Jugend aus

reinem, reichem Hobby ein Schüler Anton Bruckners, Vater des Schriftstellers Percy Eckstein und Gatte einer Schriftstellerin, die unter dem Pseudonym Sir Galahad bekannt wurde, seinerseits Autor einer leider verschollenen Bruckner-Monographie mit dem schönen Titel ‚Der Weltgeist auf der Orgel‘, enorm belesen und enorm gebildet, stand der alte Eckstein im Ruf, einfach alles zu wissen." Er war Bruder der Frauenrechtlerin Therese Schlesinger und des Austromarxisten Gustav Eckstein. Von Gustav Meyrink eingeführt, verbrachte auch Roda Roda viele Stunden am Stammtisch im zweiten Saal links. „Da saßen: obenan Fritz Eckstein; Peter Altenberg, Paul Busson, Baron Bourgoing...", vermerkte der Schriftsteller in seinem Lebensroman. „Eckstein war Fabrikant – sein eigentliches Fach: Chemie. Doch er trieb geheime Wissenschaften, alte Sprachen, Philosophie, Musik. Hatte die Erde um und um befahren – Held von Hevesis Buch ‚Mac Ecks sonderbare Reisen‘ – Freund der Blawatzky, Hugo Wolfs. Der letzte Polyhistor." Ecksteins Spuren finden sich in den Tagebüchern Arthur Schnitzlers ebenso wie in den Werken von Sigmund Freud, in den Erinnerungen von Max Graf, René Fülöp-Miller, Roda Roda, Stefan Großmann und in Friedrich Torbergs „Tante Jolesch"; Hermann Bahr hat ihm in seinem Schlüsselroman „Die Rahl" in der Figur des Beer ein literarisches Denkmal gesetzt.

Seit 1873 das Palais des Herzogs Philipp von Württemberg in ein Hotel umgewandelt worden war und der Hotelier Johann Frohner auch gleich ein geräumiges, später mit Bildern von Schwind geziertes Kaffeehaus etablierte, gab es unter den Wiener Berühmtheiten keinen, der sich nicht an Ecksteins Stammtisch eingefunden hätte: Hugo Wolf, Sigmund Freud, der sich hier psychoanalytische Anregungen holte, Hugo von Hofmannsthal, Leo Trotzki, der sich in Sachen Revolution beraten ließ, Franz Werfel und Rainer Maria Rilke, der am Stammtisch Karl Kraus kennenlernte. Oftmals nahm im Café Imperial Anton Bruckner an der Seite seines jugendlichen Begleiters Eckstein seine Jause, bestehend aus einer großen Portion Kaffee und einer Doppelportion Guglhupf, ein. Schon Richard Wagner soll hier, während seines Wien-Aufenthaltes 1875, komponiert haben – eine Gedenktafel rechts vom Hoteleingang, vom Schubertbund 1933 gestiftet, erinnert noch daran. Johannes Brahms, den man auch regelmäßig wie ein Metronom am Fenster des „Heinrichshofes" schlafen sehen konnte, saß im „Imperial", Franz Schalk, der

Operndirigent, der vor den Vorstellungen im Frack öfter hier seinen Kaffee trank und mehrmals mit dem Oberkellner verwechselt wurde, und Gustav Mahler, der drei Jahre lang Stammgast in diesem Café war und dessen stets heiratsfrohe Witwe sich in ihren Memoiren „Mein Leben" noch an einen Besuch mit ihrem Stiefvater erinnerte: „Als wir einst im Café ‚Imperial' saßen, machte ich Moll auf Kraus aufmerksam, der ein paar Tische weiter saß. Moll sagte laut: ‚Also das ist der Lump!', erhob sich – aber Kraus war ebenso schnell verschwunden. Er fürchtete die Schläge, von denen er schon mehr bei ähnlichen Anlässen bekommen hatte."

„Wie viele Stunden köstlichen Friedens und tiefer, west-östlicher Beschaulichkeit habe ich doch dem alten Wiener Kaffeehaus zu verdanken gehabt", äußerte sich Friedrich Eckstein friedfertig in seiner Autobiographie „Alte unnennbare Tage", „wie viele wertvolle Bekanntschaften habe ich dort gemacht, wie viele freundschaftliche Beziehungen angeknüpft!"

Mag sein, daß Friedrich Ecksteins Charakterbild in der Geschichte noch schwankt, unbestreitbar blieb der Beiname eines Stammgastes und Polyhistors erhalten, auch wenn Hermann Bahr und Rudolf Steiner ihn einen „schwindelhaften Vielwisser" nannten. Karl Kraus, der seit etwa 1900 im „Imperial" am Nebentisch seinen Sitz aufgeschlagen hatte und das Café in seiner 1913 erschienenen Polemik „Der Löwenkopf oder Die Gefahren der Technik" auch verewigt hat, kommentierte die Allwissenheit seines Tischnachbarn versöhnlicher: „Ich hatte heute nacht einen Alptraum", erzählte er einmal im „Imperial", „ein Band Brockhaus stieg aus dem Regal herab, um in Eckstein nachzuschlagen."

„Im gesamten Habsburgerreich blühte das Kaffeehaus als kulturelle Institution. Es war eine Art öffentlicher Salon, wo sich Männer und Frauen aller Klassen zusammenfanden, um zu lesen, ihren Überlegungen nachzuhängen oder Konversation zu treiben. Wenngleich die Prager oder die Budapester nicht seltener ins Kaffeehaus gingen als die Wiener, war es doch die Kaiserstadt, die diese Institution berühmt machte."

William M. Johnston,
Österreichische Kultur- und Geistesgeschichte.
Wien – Köln – Graz 1974

KLEINES CAFÉ

1., Franziskanerplatz 3
Montag bis Samstag 10 – 2 Uhr,
Sonntag 12 – 2 Uhr früh.

Alternativ-Café mit kleinem Angebot und Vorgarten auf dem autofreien Franziskanerplatz.

Mut zu neuer Architektur

Man kennt ihn aus „Tatort"-Serien und Horváths „Geschichten aus dem Wiener Wald", und in seinen Rollen stellt er zumeist den Räuber und nicht den Gendarmen dar: Hanno Pöschl, der 1970 beschloß, auf dem alten Franziskanerplatz hinter dem Mosesbrunnen, wo sich bereits 1912 das Café des Michael Schuh befunden hatte, ein alternatives Kaffeehaus zu eröffnen. Zunächst war es nur ein kleiner Raum um die Ecke, den der Wiener Architekt Hermann Czech in eine Stehbar verwandelte, drei Jahre später wurde das Lokal Richtung Franziskanerplatz erweitert.

Czechs Realisierung einer neuen, „stillen" Architektur ist es zu verdanken, daß das „Kleine Café" heute bereits lebendige Architekturgeschichte darstellt und in keinem einschlägigen Bildband mehr fehlt. Auf kleinstem Raum findet sich hier eine Fülle von Zitaten, Montagen und Verfremdungen unter Benützung von Grabsteinplatten, Fliesen, Holz und Spiegeln, und es stört nicht allzusehr, daß sich auch Gäste darin aufhalten.

59

*K*ORB

Café-Restaurant
1., Tuchlauben 10
Tel. 533 72 15
Montag bis Samstag 7 – 24 Uhr,
Sonn- und Feiertage 12 – 21 Uhr.

Café-Restaurant an der Ecke Tuchlauben
und Brandstätte, mit über hundertjähriger
Geschichte. Umfangreiche Speisekarte mit
hausgemachten Mehlspeisen. Im Sommer
angenehmer Garten vor dem Lokal.

Gut betucht

Hier, zwischen dem Hohen Markt und dem „Schönbrunnerhaus", auf Nummer 8, boten einst die Tuchhändler und Tuchschneider ihre Waren feil, und zwar unter Lauben, ebenerdigen offenen Hallen. Der Tuchmacherbrunnen, 1928 von Oskar Thiede auf einem der ältesten Plätze der Stadt errichtet, um den herum man im Sommer vor dem Kaffeehaus sitzen kann, erinnert an diese wohlhabenden Kaufleute von einst. In den achtziger Jahren des vorigen Jahrhunderts sah man im Café Korb des Herrn Arnberger auch erstmals Damen der Gesellschaft. Gut betucht geht es auch heute hier zu, und mit seinen zahlreich gedeckten Tischen erweist sich das Lokal der Familie Wild mehr als gehobenes Restaurant denn als Kaffeehaus.

KRUGERHOF

1., Krugerstraße 8
Tel. 512 52 85
Montag bis Samstag 7 – 22 Uhr.

Kleines Speisenangebot, zwei Billardtische
im hinteren Raum.

Schule des Lebens

Das frisch renovierte, wiewohl wohltuend alt ausse-
hende Lokal bietet ebenso wie das „Hegelhof" (Johan-
nesgasse 16) und das „Amerling" (Amerlingstraße 17)
zahlreichen Schülern morgendliches Asyl vor den benachbarten Lehranstalten mit ihren unerbittlichen Öffnungszeiten und täglichem Pflichtenkatalog. Im Kru-
gerhof wird für das Leben gelernt: Billardpartien sind
hier ebenso beliebt wie Würfelpokerrunden.
Goethe und Schiller sah man selten im Kaffeehaus, und
so ist die deutsche Klassik auch hervorragend geeignet,
der heranwachsenden Schuljugend nahegebracht zu
werden. Gymnasiale Pädagogik war es auch, die immer
schon der Institution Kaffeehaus eine gewisse Abnei-
gung entgegensetzte. Da hilft der Hinweis auf die un-
bestrittene Produktivität eines Nikolaus Lenau, der die
Hälfte seines Lebens im „Silbernen Kaffeehaus" verbrachte und dennoch zu einer gewissen literarischen
Bedeutung gelangen sollte, wenig; selbst der Verweis
auf den ausdauernden Kaffeehausstammgast Franz
Grillparzer, der späteren Herausgebern seiner 42bändi-
gen Gesamtausgabe für immerhin 39 Jahre Arbeit und
Brot gab, zerstreut keinesfalls alteingesessene Vorurtei-
le. Hugo von Hofmannsthal etwa verließ, wann immer
er konnte, das Akademische Gymnasium, um seinen
Stammplatz im Café Griensteidl einzunehmen. „Bedeutendes Talent, ein 17jähriger Junge, Loris (v. Hofmannsthal). Wissen, Klarheit und, wie es scheint, auch
echte Künstlerschaft, es ist unerhört in seinem Alter",
notierte über ihn Arthur Schnitzler im März 1891 in
sein Tagebuch.
Die romantische Galerie entflohener Schüler läßt sich
fortsetzen: Thomas und Heinrich Mann, Gerhart Haupt-
mann, Hermann Hesse … Somit entfaltet sich im Kru-
gerhof bereits frühmorgens der Gegensatz zwischen

Bürgerlichkeit und Genie an Poker- oder Billardtischen:
echte Künstlerschaft, oft unerhört in dem Alter.

*L*ANDTMANN

Ringstraßen-Café
1., Dr.-Karl-Lueger-Ring 4
Tel. 532 06 21, 533 91 28, Fax 532 06 25
täglich 8–24 Uhr.

*Elegantes Ringstraßen-Kaffeehaus mit
großer, überdachter Sommerterrasse.
Beherbergt im Keller das Theater „Die
Tribüne". Hohe, holzgetäfelte Räume mit
gedämpfter Atmosphäre; Restaurantbetrieb
mit umfangreicher Speisekarte.
Extrazimmer für Pressekonferenzen.*

Am Schnittpunkt zwischen Bühne und Politik

1872 errichtete am Franzensring, wo sich zuvor auf
der Bastei das Palais des Fürsten Lubomirski mit seiner
bemerkenswerten Loggia befunden hatte, der Architekt
Carl Schumann einen Häuserblock im Stil des Historis-
mus und plante ein Kaffeehaus an der Ecke zur Löwel-
gasse gleich mit, das dann am 1. Oktober 1873 vom
Cafetier Franz Landtmann eröffnet wurde. Im Jahr
1881 trat der Kaffeesieder Wilhelm Kerrl dessen Nachfolge an. Unter ihm wurde das Lokal zur Oppolzergas-
se hin erweitert. Wo sich zuvor der kaiserliche Pferde-
stall befunden hatte, spielten nun Damen der Gesellschaft Bridge, und einige Stockwerke über dem Spielerzimmer unterhielt die Kulturkritikerin Bertha
Zuckerkandl ihren berühmten Salon.
1919 führte das Café am nunmehrigen Ring des 12. November ein gewisser Karl Kraus, der schon deshalb
nicht mit dem gleichnamigen Fackel-Herausgeber identisch sein konnte, da hier Felix Salten täglich seinen
Kleinen Schwarzen zu trinken pflegte. Wenige Jahre

später wurde das Lokal von Ernst Meller weitgehend umgestaltet und erhielt sein heutiges Aussehen. Am 13. September 1926 übernahm Konrad Zauner das Ring-Café, in dessen Familie es dann lange blieb. 1980 renoviert, erstrahlt das Café Landtmann seither wieder im alten Glanz von einst.

Am Schnittpunkt zweier Welten war das „Landtmann" schon immer gelegen. Mit eigener Kellerbühne und gegenüber dem Burgtheater, nahe dem Rathaus, dem Parlament und nur einen Steinwurf von der Universität entfernt, verläuft das Leben hier immer noch zwischen Bühnenkunst und Politik.

Ein Café, in dem Bundeskanzler ihren Stammplatz bezogen, Julius Raab sich bei einem Mokka und seiner Virginia-Zigarre erholte; ein Café, in dem fast täglich Pressekonferenzen stattfinden und wo immer schon auch ausländische Politiker verkehrten, vom britischen Premier Attlee bis zum Herzog von Windsor. Einigen Gästen des „Landtmann" war es auch zu verdanken, daß der Ring im Jahr 1934 den Namen des Prälaten Ignaz Seipel und ab 1940 den des Gauleiters Bürckel trug und danach nach dem populären Wiener Bürgermeister Lueger benannt wurde.

Häufiger war freilich die Kunst hier vertreten, und im Gästebuch sind sie alle verzeichnet: die Schauspieler Raoul Aslan, Ewald Balser, Hedwig Bleibtreu, Attila und Paul Hörbiger, Oskar Werner und Paula Wessely, der Regisseur Max Reinhardt, der Volksschauspieler Hans Moser, der Maler Oskar Kokoschka und viele andere. Als durchreisende Gäste trugen sich im Laufe der Jahre neben Gary Cooper und Marlene Dietrich auch J. B. Priestley und – nach Erscheinen seines Romans „Der Zauberberg" – Thomas Mann ein.

Schon um 1890 hatte hier der Komponist der „Königin von Saba", Carl Goldmark, residiert, den Gustav Mahler eines Tages im „Landtmann" aufsuchte, um den Meister zu einer Intervention zugunsten einer ausgeschriebenen Kapellmeisterstelle an der Hofoper zu bewegen. In den dreißiger Jahren saß an einem Fensterplatz oftmals der junge Dichter Jura Soyfer und arbeitete an seinen Kleinkunstwerken, und im Keller des Kaffeehauses gründete 1936 Hans Schlesinger für seine Frau, die Tänzerin Cilli Wang, das Kabarett „Fröhlicher Landtmann", da er sich gegenüber dem Burgtheater mehr Geltung versprach als im „Lieben Augustin" des Café Prückel.

Auch der achtzehnjährige Student Ernst Lothar war

Stammgast und berichtete in seinen Erinnerungen „Das Wunder des Überlebens" von den Verlockungen des Café Landtmann: „Ich nahm auch den richtigen Weg zur Universität – fast bis dorthin. Nur begab ich mich, hinter dem Burgtheater, in das Kaffee Landtmann, wo man, winters durch die Fenster, in der guten Jahreszeit von der Terrasse, die Universität, doch auch das Burgtheater vor Augen hatte. Mit der Aussicht auf beide und den Honoraren für meine Gedichte als Taschengeld, entnahm ich meinen Studienbehelfen die Manuskriptblätter, an denen ich gerade schrieb, und so gelang es mir, binnen zwei Semestern zwar nicht die erforderlichen Kolloquien, dafür aber einen Roman zu machen..."

In der Ersten Republik wurde Lothar dann bald zum Hofrat ernannt, zum Burgtheaterregisseur und Direktor des Theaters in der Josefstadt befördert. Es ist dies eine jener Geschichten, die vernünftige Kinder ihren Eltern nicht oft genug erzählen können, um diese vom pädagogischen Wert des Kaffeehauses zu überzeugen.

MAGISTRAT

Café-Espresso
2., Taborstraße 21 a
Tel. 214 58 33
Montag bis Samstag 6 – 2 Uhr früh,
Sonn- und Feiertage 7 – 2 Uhr früh.

Vorstadt-Espresso mit Musikbox, einigen Spielautomaten und durchgehend warmer Küche. Kleiner Vorgarten im Sommer.

Entlang der Taborstraße

Die Taborstraße läuft vom Donaukanal stadtauswärts nach Norden, was man ihr nicht übelnehmen sollte. Im Laufe seines unaufhörlichen Dranges nach Böhmen, Mähren und Polen wurde der alte Handelsweg gleichsam zur Achse, um die mit der Zeit die ganze Siedlung in ihrer Länge und Breite herumwuchs. Die Fuhrleute, die sie benützten, benötigten Einkehrgasthöfe und die wiederum Brauereien. So waren die Besitzer der Jedleseer Brauerei, die Boschs, früh schon durch den Verkehr auf der Handelsstraße zu Vermögen gelangt, das sie wieder in Grundstücken auf der damaligen Kremserstraße investierten und einen Teil davon, vom Gewissen geplagt, den Karmelitermönchen der Leopoldstadt abtraten. Der Orden errichtete darauf entlang des Straßenzuges seine Klosteranlage und auf Nummer 21 ein Wirtschaftsgebäude. 1782, nach Aufhebung des Klosters, verblieb dieses Gebäude als Zinshaus im Besitz des Ordens. Drei Jahre später erhält die Taborstraße ihren nunmehrigen Namen.

An ihrem unteren Ende, an der Schlagbrücke, hatten bereits Anfang des 18. Jahrhunderts eine Reihe hölzerner Kaffeebuden bestanden, aus denen sich bald prominente Kaffeehäuser entwickelten. Auffallend aneinandergedrängt und ohne jeglichen Sinn für den später so häufig zitierten „Lokalbedarf" standen sie auf dem Platz „An der Brücke": das Kaffeehaus Jüngling auf Nummer 584, Stierböck (585) und Hönel (586). Wenig später kamen noch die Lokale des Wenzel Haan, Josef Leichnambschneider, Josef Mayer, Josef Großinger und Leopold Adelmann hinzu. In den bekannten Kaffeehäusern Kramer und Hugelmann wurde gegen Ende des 18. Jahrhunderts bereits eifrig Billard gespielt, und in dem des Ignaz Wagner, der das Lokal 1792 von Leichnambschneider übernahm, verliebte sich im Frühjahr 1819, sehr gegen den Willen des angesehenen Kaffeesieders, der mittellose Schauspieler Ferdinand Raimund in dessen Tochter Toni.

1846 bemerkt Baedekers Handbuch für Reisende: „Die Kaffeehäuser in der Leopoldstadt an der Donau, unmittelbar an der Ferdinandsbrücke sind wegen des regen Verkehrs und der hübschen Lage zu empfehlen." Mittlerweile waren sie auch bis in die Taborstraße vorgedrungen, wo die Kaffeehäuser Negerle und Brunnlechner, nachmals Wolf, bestanden und wo im Jahre 1867 Georg Niebauer sein Lokal eröffnet, das hier mehr als hundert Jahre existieren sollte.

Wo das bekannte Gasthaus „Zum goldenen Pfau" stand, wurde 1890 auf der unteren Taborstraße die Produktenbörse und mit ihr ein Kaffeehaus eröffnet, in dem es rege zuging. Hier und beim Stierböck, schreibt Sigmund Mayer in seinem Buch „Die Wiener Juden 1700 – 1900", war der Treffpunkt der Getreidehändler; im nahen Café Fetzer war der Spiritushandel zu Hause. Gleich neben der Produktenbörse entstanden damals drei Kaffeehäuser, deren Namen wie ein ganzer Stoß von Parteiprogrammen klangen: „National", „Zentral" und „International". Und am 11. August 1904 eröffnete in der Taborstraße 21 a Isaak Kühn ein Lokal, das sich bald nach dem 1907 entstandenen Amtshaus in der Karmelitergasse „Café Magistrat" nannte.

„Die zwei großen Straßen der Leopoldstadt sind: die Taborstraße und die Praterstraße", schrieb Joseph Roth in seinem Werk „Juden auf Wanderschaft. Die westlichen Gettos", erschienen 1927. „Die Praterstraße ist beinahe herrschaftlich. Sie führt direkt ins Vergnügen. Juden und Christen bevölkern sie. Sie ist glatt, weit und hell. Sie hat viele Cafés.

Viele Cafés sind auch in der Taborstraße. Es sind jüdische Cafés. Ihre Besitzer sind meist jüdisch, ihre Gäste fast durchwegs. Die Juden gehen gerne ins Kaffeehaus, um Zeitung zu lesen, Tarock und Schach zu spielen und Geschäfte zu machen."

In der Praterstraße ging es tatsächlich vergnüglicher zu, dort gediehen die Theater-, Artisten- und Künstler-Cafés, und es dürfte kein Zufall sein, daß hier die Kaffeehausliteraten Arthur Schnitzler, Peter Altenberg und, ein wenig donauabwärts, Alfred Polgar das Licht der Getto-Welt erblickten.

1919 zählte man auf der Taborstraße elf und auf der Praterstraße zwanzig größere Kaffeehäuser, und das Heimatbuch „Die Leopoldstadt" gibt 1937 vierundneunzig derartige Lokale im Bezirk an.

Heute kann man sie an einer Hand abzählen, und seit das „Niebauer" nach 118jährigem Bestehen 1985 einer Bank weichen mußte, existieren nur noch das „Donauhof" und das Café Magistrat entlang der Taborstraße, auf dem Weg nach Böhmen oder Mähren.

„In Wien sind die bekanntesten das Kaffeehaus des Milani, des Taroni, Kramer, Dukati, das auf dem Neuen Markt, jenes neben der Hauptmaut und Hugelmann seines an der Leopoldstädter Brücke. Sie sind schön eingerichtet, halten gute Bedienung und werden zahlreich besucht."

Johann Pezzl,
Skizze von Wien. Ein Kultur- und Sittenbild aus der josefinischen Zeit. Hrsg. v. G. Gugitz u. A. Schlossar, Graz 1923

MAXIMILIAN

9., Universitätsstraße 2
Tel. 42 71 49
Montag bis Freitag 7 – 24 Uhr,
Samstag, Sonntag 9 – 24 Uhr.

*In Lindgrün und Kieferbraun gehaltenes,
renoviertes Stadt-Café mit Sonnenterrasse
zum Park vor der Votivkirche, ganztägigem
Speisenangebot, kleinen Imbissen und Bier
vom Faß.*

Verstreute Erinnerungen

Im Schatten der doppeltürmigen Votivkirche liegt das
von Studenten häufig besuchte Café Maximilian. Der
fürsorgliche Erzherzog Ferdinand Max, der spätere Kaiser Maximilian von Mexiko, regte den Kirchenbau im
Jahr 1853, nach knapper Errettung seines Bruders
Franz Joseph vor einem Attentäter, an. Eingeweiht
wurde die von Heinrich Ferstel erbaute Votivkirche
zur Silbernen Hochzeit des Kaiserpaares 1879, zwölf
Jahre nach Maximilians Hinrichtung in Mexiko.
Eine monarchische Ruhmeshalle ähnlich der Westmin-
ster-Kathedrale sollte die Votivkirche nach dem Willen
Maximilians werden, doch mangels Angebot kam es
nie dazu, und auch ihr erster Anwärter, Kaiser Maximilian selbst, ruht traditionsgemäß in der Kapuzinergruft,
gleich neben dem Café Tirolerhof.
Dem toten Regenten wurde zu Lebzeiten der Monarchie der Platz vor der Votivkirche gewidmet, wo bereits um die Jahrhundertwende der Cafetier Johann Ha-
berkorn das „Maximilian" betrieb, und an Mexikos
kurzfristigen Kaiser erinnert auch der 1887 auf der nahen Währinger Straße errichtete Maximilianhof, in
dem dann die Marinesektion und ein Kaffeehaus Platz
fanden, sowie ein Denkmal am Hietzinger Platz, gleich
gegenüber dem einstigen Café Gröpl.

Ministerium

Café-Restaurant
1., Georg Coch-Platz 4
Tel. 512 92 25
Montag bis Freitag 7 – 24 Uhr.

*An der Ecke zum Stubenring gelegenes
Lokal mit durchgehend warmer Küche und
Tagesmenüs, fallweisen Gemälde- und
Graphikausstellungen und kleinem Vor-
garten.*

Ein Ämtercafé

Folgt man vor dem einstigen Kriegsministerium am
Stubenring dem ausgestreckten Arm Feldmarschall Ra-
detzkys, so ist es nicht zu verfehlen: das 1936 gegründete und seither von der Familie Tiroch geführte traditionelle Ämtercafé „Ministerium". Seiner Lage zwischen Otto Wagners Postsparkasse, der Wiener Han-
delskammer und dem Ministeriumsgebäude sowie der
durchgehend warmen Küche verdankt das Lokal auch
seine Kundschaft: Ministerialräte, Kammerfunktionäre
und Bankbeamte sitzen hier tagsüber zuhauf, essen,
trinken und treffen wichtige politische Entscheidungen
bei einem Kleinen Braunen. Nur nach Dienstschluß, da
vereinsamt das kleine Café an der Ecke zum Stubenring
dann ein wenig.

„Der Kaffee ist seit dem Jahre 1683, nach der zweiten Tür-
kenbelagerung, das Lieblingsgetränk der Wiener geworden,
und noch zu jeder Stunde des Tages schlürfen sie ihn mit
einer Wollust hinunter, als seien sie eben von dem glückli-
chen Feldzuge gegen die bunten Barbaren heimgekehrt."

Adolf Glaßbrenner,
Bilder und Träume aus Wien,
Leipzig 1836

MOZART

Café-Restaurant
1., Albertinaplatz 2
Tel. 512 27 07
täglich 9–24 Uhr.

Restaurant-Angebot und Kaffeehausgarten
gegenüber der Graphiksammlung Albertina.

Nobelcafé am Schweinemarkt

Am alten Schweinemarkt, zwischen dem heutigen Lobkowitzplatz und der Kärntner Straße, befand sich seit
1530 der einstöckige Gebäudekomplex des Bürgerspi-
tals, der zwischen 1783 und 1790 in ein großes Zinshaus umgewandelt wurde. Im Jahr 1794 eröffnete hier
Georg Pöhlein ein Kaffeehaus, das dann an Martin Martin überging, 1821 im Besitz Bäumels war, um am
29. Mai 1825 Eigentum Simon Corras zu werden. 1836
wurde es gänzlich neu eingerichtet, und es kann wohl,
von den Leopoldstädter Kaffeehäusern abgesehen, als
das erste genannt werden, schreibt Gustav Gugitz, das
einen Kaffeehausgarten aufwies. Karl Johann Braun
von Braunthal, der sich als Schriftsteller Jean Charles
nannte, hat in seinem 1840 erschienenen Werk „Wien
und die Wiener" den Garten eindrucksvoll geschildert:
„Vor dem Kaffeehause stehen eine Reihe von Stühlen
und Tischen, der Boden ist mit Brettern belegt, zeltar-
tig schützt Leinwand vor Sonne und Regen, die Fenster
sind mit Blumen besetzt, und selbst vor der Barriere,
die, man möchte sagen, die Gäste vor den Vorüberge-
henden abschließt, befinden sich ebenfalls die schönsten Erzeugnisse aus dem Reiche Florens, so daß man
sich unwillkürlich, statt in einem Kaffeehause der
Stadt, in den Pavillon eines Gärtchens versetzt glaubt.
Kein Wunder, wenn dieses Lokal häufig besucht ist..."
Dazu kam noch die Lage nahe des Kärntnertortheaters,
so daß sich bei Simon Corra bald viele Größen der
Bühnenwelt einfanden.
Das Lokal ging 1840 in den Besitz Katzmayers über,
unter dem es bald zum Treffpunkt der Literaten und
Künstler, Schauspieler und Journalisten wurde. Es war
also kein Wunder, daß zu Zeiten Metternichs dieses
Kaffeehaus unter der besonderen Aufsicht der Polizei-

behörden stand und zahlreiche Konfidenten hier verkehrten, jener Braun von Braunthal etwa, der sich als Schriftsteller Jean Charles nannte.

Mit dem Abbruch des alten Bürgerspitalhofes verschwand auch das Café Katzmayer, doch als 1882 hinter der neuen Oper ein großer, rechteckiger Häuserblock entstand, befand sich bald auch darin wieder ein Kaffeehaus. Von der Familie Stockinger ging dieses 1929 auf den Kaffeesieder Hornik über und erhielt nun auch einen neuen Namen: Café Mozart. Der Bildhauer Viktor Tilgner hatte das namengebende Denkmal vor dem Café geschaffen, 1896 war es enthüllt worden, und bald darauf entbrannte ein heftiger Streit um den Standort auf dem damaligen Albrechtsplatz.

In den zwanziger Jahren wurde das Kaffeehaus, dem Mozart stets den Rücken zukehrte, renoviert und die Terrasse erneuert. Die Philharmoniker, das Opernballett und berühmte Sänger zählten nun zu den Stammgästen des Cafés. Nach dem Zweiten Weltkrieg, nachdem das Mozartdenkmal seinen endgültigen Standplatz im Burggarten erhalten hatte, war für das Lokal der Wiederbeginn schwer. Arbeitslose Statisten wurden in die Fenster gesetzt, um Gäste anzulocken, die dann auch kamen, nur waren es vor allem Schleichhändler, die der Besitzer wieder loszuwerden trachtete. „Ein russischer Soldat mit einer Pelzmütze auf dem Kopf und dem Gewehr über der Schulter geht vorbei, ein paar leichte Mädchen drängen sich um das amerikanische Informationsbüro, und in Wintermäntel gehüllt, schlürfen in den Fensternischen des Café ‚Old Vienna' ein paar Herren ihren Ersatzkaffee." So sah in groben Zügen in Graham Greenes Roman „Der dritte Mann" das Nachkriegswien aus, „in dem am 7. Februar des vergangenen Jahres Rollo Martins eintraf". Hier sitzt er mit Colonel Calloway zu Beginn der Geschichte zusammen, und in diesem Lokal trifft er etliche Tage später den zwielichtigen Kurtz, der Martins vom Tod seines Freundes Harry Lime zu überzeugen versucht. In seinem autobiographischen Buch „Fluchtwege" schrieb Greene, daß er mit dem „Old Vienna" das Café Mozart gemeint habe, das sich ja gleich nächst dem Hotel Sacher befindet, in dem der Autor bei seinem ersten Wien-Besuch 1947 wohnte. Zu der Umbenennung hat ihn möglicherweise die damals teuerste Nachtbar Wiens, „Old Vienna" in der Kärntner Straße, inspiriert. Auf der Terrasse des „Mozart" wurde dann auch Carol Reeds Dritter-Mann-Film gedreht, und auf der Schallplatte von Toni Karas' Harry-Lime-Thema findet sich auf der Rückseite auch ein „Café Mozart-Walzer".

Seither sind die Nachkriegsgespenster längst verweht, und das Café Mozart ist wieder international geworden, zwischendurch auch was seine Besitzer betrifft: 1985 übernahm der japanische Kaufhauskonzern Mitsukoshi, der bereits in Tokio 1984 das erste original „Café Wien" eröffnet hatte, das von Rudolf Schneider-Manns-Au neugestaltete Nobelcafé. Seit 1992 ist das Café nun wieder fest in Wiener Hand. Die Kaffeesieder-Familie Querfeld, die auch das traditionsreiche Café Landtmann führt, betreibt nun auch das Mozart auf dem ehemaligen Schweinemarkt zwischen Lobkowitzplatz und Oper.

MUSEUM

Galerie-Café
1., Friedrichstraße 6
Tel. 56 52 02
täglich 7 – 23 Uhr.

Geräumiges Kaffeehaus mit zahlreichen in- und ausländischen Zeitungen. Nahe der Ringstraße, der Oper, der Secession, der Akademie der bildenden Künste, dem Künstlerhaus und dem Naschmarkt gelegen. Mit Billard-, Schach- und Kartenspielzimmer; im Sommer Terrasse zum Karlsplatz.

„Café Nihilismus"

1899 von Adolf Loos entworfen, stellte es zugleich sein erstes größeres Werk in Wien dar. Die bewußte Einfachheit des Lokals wirkte revolutionär, und es wurde bald, nach einem Ausspruch des Kunstkritikers Ludwig Hevesi, „Café Nihilismus" genannt. „Es verzichtet auf alles, was überhaupt irgend entbehrlich ist, es zeigt nicht nur, wie das Nützliche im Schönen, sondern wie das Schöne im Nützlichen enthalten ist", resümierte kurz nach der Eröffnung Wilhelm Schölermann in der „Wiener Rundschau". „Kaum entstanden", schrieb der erste Loos-Biograph Heinrich Kulka 1931, „wurde es schon vielfach nachgeahmt und ist richtungsgebend geworden. Die geraden Billardfüße (an Stelle der gedrechselten) sind als Klavierfüße bald in der ganzen Welt verwendet worden. Ebenso wurden die glatten Metallarbeiten bald allgemein. Die Thonet-Sessel, von Loos entworfen, haben Bugholz mit elliptischem Querschnitt, sie sind dadurch leichter, aber ebenso haltbar. Das Café Museum", faßte Kulka zusammen, „ist der Ausgangspunkt für alle moderne Inneneinrichtung."

Im Laufe der Jahre und noch zu Lebzeiten von Adolf Loos ist vieles geändert und zerstört worden. So sind die Beleuchtungskörper – ursprünglich nackte Glühbirnen und Gas für den Fall des Kurzschlusses –, die Billardtische, das Buffet und auch der „Gibson-Room", in dem Blätter des amerikanischen Zeichners Charles Dana Gibson gehangen hatten, längst verschwunden.

„Von den Lokalen Wiens, die auf den Fremden und Einheimischen eine große Anziehungskraft ausüben", befand ein Wiener Almanach im Jahr 1921, „ist das Café ‚Museum' (Ecke Friedrichstraße und Operngasse) mit an erster Stelle zu nennen, und zwar aus dem Grund, weil sich hier konziliante und vor allem persönliche Führung des Geschäftes mit der Güte des Dargebotenen in bester Übereinstimmung vereinigt."

Von den Einheimischen zählte etwa der Kabarettist, Karikaturist und Schlachtenmaler Carl Hollitzer zu den jahrzehntelangen Stammgästen des Kaffeehauses. Hier thronte der sensible Künstler und Steinbruchbesitzer inmitten eines Kreises von Bewunderern, hier empfing er seine Gäste, plauderte und zeichnete. Und einige Jahre hindurch gelang es ihm auch, seinen „Löwenbräu"-Stammtisch aus der innerstädtischen Teinfaltstraße hierherzuverlegen. Mit Hollitzer kamen ab nun ins Café Museum: Peter Altenberg, der im „Kürschner" als eigentlichen Wohnsitz „Wien 1, Café Central" anzugeben pflegte, die Tänzerin Gertrude Barrison, der Dichter Frank Wedekind, der Schauspieler Alexander Moissi und, ein wenig zögernd, der „Fackel"-Herausgeber Karl Kraus.

Damals gab es im Café Museum zwei feste Künstlertische: der eine war der Musikertisch, an dem Franz Lehár präsidierte, und wo Korngold, Alban Berg und

Oscar Straus saßen; am anderen Tisch fand man stets Oskar Maurus Fontana und Albert Paris Gütersloh (und den noch täglich bis zu seinem Tod im Jahre 1973 am Tisch neben der Küche), die Maler Klimt, Schiele und Oskar Kokoschka, die Literaten Robert Musil, Hermann Broch, Soma Morgenstern, Joseph Roth, Roda Roda, Franz Blei, Georg Trakl, der von hier aus 1913 einen erhalten gebliebenen Bittbrief an seinen Mentor Ludwig von Ficker versandte, sowie Franz Werfel, „der von Tag zu Tag dicker wird und über den man erzählt, er habe sehr wenig Glück bei den Frauen. (Das ist sein größtes Unglück.) Er soll auch sehr schwer anzupumpen sein", schrieb 1923 aus bitterer Erfahrung Emil Szittya. An einem Fensterplatz saß mitunter auch Ludwig Wittgenstein. In seinem Erinnerungsband „Das Augenspiel. Lebensgeschichte 1931 – 1937", in dem Kapitel „Schweigen im Café Museum", hat auch Elias Canetti das einstige „Café Nihilismus", „wohin ich täglich ging, seit ich wieder in der Stadt wohnte", literarisch verewigt. Musikalisch tat dies im Oktober 1993 Kurt Schwertsik mit seiner Oper „Café Museum – Die Erleuchtung", über deren Text von Wolfgang Bauer die Zeitschrift „profil" nach der Uraufführung befand: „ein Libretto zwischen Säufergeschwätz und nebeliger Metaphysik". Womit der Genius loci des Lokals recht treffend beschrieben scheint.

PRÜCKEL

Ringstraßen-Café
1., Stubenring 24
Tel. 512 61 15
täglich 9 – 22 Uhr.

*Mit Restaurant- und traditionellem
Kaffeehausangebot, zahlreichen in- und
ausländischen Zeitungen, großem
Spielerzimmer und kleinem Vorgarten.
Klaviermusik Montag, Mittwoch, Freitag
und Sonntag von 19 – 22 Uhr. Im Keller,
Eingang Biberstraße, von Mittwoch bis
Samstag ab 20 Uhr die „Original Pradler
Ritterspiele".*

Zwischen Karten- und Kleinkunst

Wien, am 25. Dezember 1903: In den Vergnügungsan-
zeigern der Tageszeitungen werden die Weihnachts-
vorstellungen im „Etablissement Ronacher" und im
„Colosseum" ausführlich gewürdigt, im Dritten Kaffeehaus im Prater treten während der Feiertage „erstklassi-
ge Kunstkräfte" wie der „Ventriloquist R. Nadrage", der
„unvergleichliche Damendarsteller Alexander Tacianu"
und die „urkomischen Brothers Hamilton" auf, und in
der Wollzeile, Ecke Ring, gibt es ein neues Kaffeehaus.
„Heute wird in Wien ein Etablissement eröffnet, welches den Ruf, dessen sich das Wiener Kaffeehaus in
der ganzen Welt erfreut, nicht nur um ein Bedeutendes
erhöhen, sondern durch die auf weltstädtischer Basis
aufgebaute Gestion im Wiener Kaffeehausleben eine
ganze Umwälzung hervorrufen wird", schreibt enthu-
siastisch vorausblickend das „Neue Wiener Tagblatt" in
einer bezahlten Anzeige. „Mit weit ausschauendem
Blicke hat Herr Maxime Lurion Ecke Stubenring und
Wollzeile, auf dem ehemaligen alten Kasernengrunde
ein Kaffeehaus errichtet, dessen mit auserlesenem Ge-
schmacke, Eleganz und gediegenem Luxus ausgestatte-
ten Lokalitäten eine grande attraction von Wien bilden
werden." Und in der „Neuen Freien Presse" weiß ein
kunstsinniger Anzeigenacquisiteur zu berichten, daß
hier kein „auf Wirkung zielender ‚Gschnas' die Besu-

74

cher" empfange, sondern „überall echte, auf tiefer Empfindung beruhende Kunst. Schon beim Eintritt von der Ringstraße fesselt uns die im Atelier des Herrn Karl Kral vom Bildhauer Oefner ausgeführte Brunnenfigur, die ‚Wahrheit', eine ideale Mädchenfigur auf monumentalem Sockel, zu deren Füßen eine Kindergruppe mit einem Schwane spielt. Ein Gegenstück hiefür finden wir an der entgegengesetzten Ecke, eine Mädchenfigur weist die Gaben zurück, die Kinder ihr reichen" – welch seltsame Allegorie für ein Kaffeehaus!

Die Kolossal-Wandgemälde von Adolf Kaufmann, Dussek, Sternfeld, Bruckner und Golz verstärken noch den Eindruck, am Ring sei ein Gesamtkunstwerk aus der Makart-Zeit wiederauferstanden, und der Festzug fände nochmals statt.

„Vorüber an der vier Meter langen Kassa gelangt man über eine Freitreppe in die Souterrainlokalitäten", bemerkten die Wiener Blätter abschließend, doch trotz der überlangen Kassa wurden die Einnahmen immer schmaler, so daß der ehemalige Radrenneuropameister Maxime Lurion schließlich seine Ausdauer verlor und das Kaffeehaus verkaufte. 1905 hieß es bereits „Prückel", um 1911 gelangte es in den Besitz von Anton Stern, und nach dem Ersten Weltkrieg, während Maxime Lurion daranging, ein nach ihm benanntes Konzertcafé in der Siebensterngasse zu eröffnen, führte Moriz Marosi das Ringstraßenlokal.

Schon kurz nach seiner Gründung hatte es im Souterrain des „Lurion" Kabarettveranstaltungen gegeben; am 7. November 1931 wurde hier die erste zeitkritische Kleinkunstbühne „Der liebe Augustin" von der Schauspielerin Stella Kadmon gemeinsam mit dem Autor Peter Hammerschlag, dem Zeichner Alex Szekely und dem Musiker Fritz Spielmann gegründet. Der Keller im Café Prückel war ohne Miete zu haben, lediglich mit der Auflage, daß pro Abend dreißig Kaffees konsumiert werden müßten. Der Schriftsteller und Kabarettist Rudolf Weys, der damals ebenfalls daranging, eine Kleinkunstbühne im Keller des Café Dobner zu gründen, beschrieb die Wirkung, die der „Liebe Augustin" auf ihn ausübte, folgendermaßen: „Als Zuschauer hatte man das Gefühl, bei intellektueller Bohème zu Gast zu sein. Ein kabarettistisches Kaleidoskop glitt wirbelig vorüber, Momentaufnahmen aus dem Alltagsleben waren zu sehen, und dazu immer wieder Peter Hammerschlag." Das Kabarett im Café Prückel, Eingang Biberstraße 2, wurde in Wien bald zur beliebten Institution,

Kollegen wie Fritz Grünbaum gratulierten: „Also im Café Prückel haust jetzt (seit mehr als tausend Tagen) der neue ‚Liebe Augustin' und erfreut die Wiener wie sein Vorgänger durch seine ungebrochene Fröhlichkeit. Und er lacht über die Pest auch dieser Zeit, weil er weiß, daß sie nur eine Krankheit ist, die vorübergehen wird." Fritz Grünbaum und Peter Hammerschlag sollten dieser neuzeitlichen Pest dann zum Opfer fallen, Stella Kadmon mußte im März 1938 den „Prückel"-Keller sperren und aus Wien fliehen.

Mit dem Programm „Wiener Panoptikum" ließ im Juni 1945 Fritz Eckhardt den „Lieben Augustin" im Café Prückel wieder aufleben, im September 1946 übernahm Carl Merz die Leitung des Kabaretts, das dem Zeitgeist ebenso hartnäckig widerstand wie einst sein Namenspatron der Pest. Als 1947 Stella Kadmon aus dem Exil in Palästina zurückkehrte, wurden noch drei Programme gespielt, doch dann entschloß sich die Gründerin des „Lieben Augustin", dem Zug der Zeit folgend, eine politische Kellerbühne, das „Theater der Courage", zu eröffnen.

In den fünfziger Jahren wurde das „Prückel" von Oswald Haerdtl tiefgreifend umgestaltet, seither ist es ein wenig zum Denkmal der frühen Wirtschaftswunderjahre erstarrt, was Johannes Spalt bei seiner jüngsten Renovierung 1989 zu berücksichtigen wußte, und seither spielen hier im Keller von Mittwoch bis Samstag die „Original Pradler Ritterspiele", deren Ritter und Knappen bis auf den heutigen Tag versprechen: „Auf Wunsch des p. t. Publikums wiederholen wir bereitwilligst jede ihrer Schandtaten!"

„Da die Regierung alles getan hat, um die Wiener von ernster oder geistiger Betätigung fernzuhalten, so sind der Prater, die Kaffeehäuser und das Leopoldstädter Theater die einzigen Ziele ihres Denkens und Wünschens."

Charles Sealsfield (Carl Postl),
Österreich, wie es ist,
London 1828

---

*R*AIMUND

Café-Restaurant
1., Museumstraße 6
Tel. 93 25 82
Montag bis Freitag 7–24 Uhr,
Samstag, Sonn- und Feiertage 9–24 Uhr.

Mit Kaffee- und Teespezialitäten,
hausgemachten Mehlspeisen, Wiener
Frühstück sowie heimischen und
internationalen Gerichten.

Raimund sitzt gegenüber

Da streiten sich die Leut herum wohl um den Wert der
jüngsten Renovierung. Doch unabhängig davon, was
der eine den andern heißt, das lindgrün und hellbraun
gehaltene und mit rosa geäderten Marmortischen ausgestattete Lokal des Cafetiers Herbert Potz gedenkt seines Namengebers seither weit inniger als zuvor: man
begegnet dem Dichter jetzt als Wandschmuck, als viel-
bestaunte Statue, auf Servietten und auch auf der Speisekarte. Raimund selbst sitzt seit langem schon auf seinem Denkmalsockel dem Café gegenüber, gleich neben dem Volkstheater, dort, wo sich einst sein Stamm-
kaffeehaus „Eichhorn", das spätere „Weghuber",
befunden hatte. Doch noch in einem kabarettistischen
Interview mit Karl Farkas meinte er 1961 über die
Platzwahl verstimmt: „Jetzt hält mich jeder für den
Schutzpatron dieser Parkanlage, für den Herrn Weghuber. Wenn nicht gegenüber das Café Raimund wäre,
wüßte kein Mensch um meine künstlerische Beziehung
zu dieser Gegend."
Als der Kaffeesieder Franz Lang nach der Jahrhundertwende das Lokal führte, war es bereits ein angesehe-
nes Theater- und Künstlercafé. In den zwanziger Jahren residierten hier, wie Milan Dubrovic berichtet,
Franz Theodor Csokor, damals Dramaturg am Volkstheater, und dessen Direktor Rudolf Beer, der Bühnenautor Hans Sassmann, gelegentlich die Kulturkritikerin
Bertha Zuckerkandl und der Theaterliebhaber Kom-
merzialrat Stein, der als Pächter fast aller Toiletten in
Wiens Privatbühnen kurz „Häusl-Stein" genannt wurde.

Oftmals fanden sich im Café Raimund auch der Schauspieler Karl Forest und dessen Schwester Lina Loos samt ihrem voluminösen Anhang, dem Kabarettisten, Kulturkritiker und Kleindarsteller Egon Friedell, ein. Lina, geborene Obertimpfler und geschiedene Loos, hatte sich damals, vom Café-Museum-Erbauer Adolf Loos schon lange getrennt, der Schauspielkunst zugewandt. In ihren aphoristisch geschriebenen Memoiren

---

CAFÉ
CASA PICCOLA
MARIAHILFERSTRASSE 1

FOLGENDE KUNSTZEITSCHRIFTEN
©©   **LIEGEN AUF:**   ©©

Kunst	©©©
Studio	©©©
Conoisseur	©©©
Kunst und Dekoration	
Dekorative Kunst	©©
Kunstchronik	©©©
Kunstwart	©©©
Zeitschrift f. bild. Kunst	
Pictorial Comedy	©©
Album	©©©
Sketch	©©©
Ladys Pictorial	©©©
Black and White	©©
Vanity Fair	©©©
Leslies Weekly	©©
©©© etc. etc.	©©©

„Das Buch ohne Titel" läßt sie die einstige Café-Raimund-Runde noch einmal aufleben und erzählt auch von ihren Eltern, die das bekannte Kaffeehaus Casa piccola auf der Mariahilfer Straße betrieben, ehe sie das seit dem 18. Jahrhundert existierende Lokal in der Inflationszeit verkauften und schließlich verarmten.

Als Friedells erster Band seiner „Kulturgeschichte der Neuzeit" 1927 bei C. H. Beck in München erschien, zeigte Lina Loos wenig Lust, das vielbeachtete Werk ihres langjährigen Freundes zu lesen. „Ich scheute vor so viel Wissen und Bildung zurück wie ein Pferd vor einem tiefen Graben, kurz, ich weigerte mich.

,Ja, was stellst du dir eigentlich unter einer Kulturgeschichte vor?' fragte Egon erstaunt.

‚Unter einer Kulturgeschichte stelle ich mir ein sehr dickes Buch vor, in dem lauter Sachen stehen, die mich nicht interessieren.‘

‚Du irrst‘, sagte Egon ‚so umfassend ist das Werk nicht!‘“

Als Lina Loos 1950 starb, war bereits eine neue Generation unter Führung des Schriftstellers und Theaterkritikers Hans Weigel im Café Raimund vertreten. „Als ich nach 1945 in Wien eintraf, habe ich mich gleich nach einem Kaffeehaus umgesehen“, erinnerte sich Weigel 1973 in Wolfgang Kudrnofskys Buch „Vom Dritten Reich zum Dritten Mann“. „Das ehemalige Literatencafé Museum hatte diese Rolle ausgespielt gehabt, also verfiel ich auf das Café Raimund, das war ganz in der Nähe meiner Wohnung.“ Das Lokal wurde ab nun zu Weigels Wohnadresse, und als einmal ein Brief ankam, der mit den Worten adressiert war: „Herrn Weigel, Schriftsteller, Wien“, vermerkte die allwissende Post ergänzend auf dem Umschlag: „Café Raimund“.

„Das alteingesessene Schauspieler- und Bürgerlokal wurde zu einem Umschlagplatz, ohne den der Wiener Nachwuchs sich schwerlich zusammengefunden hätte“, schrieb Hilde Spiel 1963 in ihrem kulturhistorischen Feuilleton „Das Kaffeehaus als Weltanschauung“. „Hier wurden, unter dem Schutz der Gemeinde Wien, die Anthologien ‚Ewige Stadt‘ geplant, in denen junge Zeichner und Dichter an die Öffentlichkeit traten. Hier hörte man zum ersten Mal die Namen Paul Celan, Herbert Eisenreich, Milo Dor, Reinhard Federmann und Walter Toman. Hier wurden die Graphiker Kurt Absolon und Kurt Moldovan entdeckt. Und hier begann der Aufstieg dreier junger Mädchen, die heute rühmlich bekannt sind: Jeannie Ebner, Ilse Aichinger und Ingeborg Bachmann.“

Neben den genannten förderte Hans Weigel in diesen Jahren auf den Seiten der „Weltpresse“ und der „Welt am Montag“ auch noch andere junge österreichische Autoren, die sich ebenfalls bald im Café Raimund einfanden: Christine Busta, Gerhard Fritsch, Hertha Kräftner, Jörg Mauthe und Friederike Mayröcker. An all das erinnert seit dem 3. März 1993 eine vor dem Lokal zu Ehren des verstorbenen Hans Weigel angebrachte Gedenktafel.

Aber an ruhige Arbeit war für Hans Weigel im „Raimund“ bald nicht mehr zu denken, und so entdeckte er eines Tages für sich, weitab vom literarischen Trampelpfad, ein gänzlich unbekanntes, bescheidenes In-

nenstadtlokal, dessen Namen und Lage er dann sorg-
sam hütete: das Café Hawelka.

Rathaus

8., Landesgerichtsstraße 5
Tel. 43 12 82
Montag bis Freitag 8–24 Uhr,
Samstag 8–22 Uhr,
Sonn- und Feiertage 9–22 Uhr.

*Angenehm altertümliches, plüschiges
Kaffeehaus mit Karten-, Schach- und
Fernsehzimmer sowie traditioneller Wiener
Küche. Im Sommer kleiner Gastgarten.*

Glacis Nr. 211

Im Jahr 1827 übernimmt ein Herr Kappelmayer das
Kaffeehaus „Beim weißen Ochsen" am Fleischmarkt.
Bis 1840 gilt es, wegen der dort verkehrenden Gäste,
als das „griechische". Ende 1843 eröffnet Kappelmayer
dann ein neues Lokal auf dem Josefstädter Glacis
Nr. 211, an der Ecke zur Quer-Gasse und gegenüber
dem weitläufigen „Exercier Platz".
„Hohe, glanzvoll lackierte Räume, nach den neuesten
Mustern von dem bekannten Malern Herrn Holle ge-
ziert, mit schönen Spiegeln à la rococo aus der Fabrik
des Herrn Borst geschmückt, enthalten Möbeln und
Billards, von dem bereits allgemein anerkannten
Hrn. Knill auf das Geschmackvollste gefertigt; die Pack-
fongarbeiten an Lampen, Tassen, Huthaken etc. sind
aus der Fabrik des Herrn Braun hervorgegangen, die
Silberaufsätze sind aus der rühmlich bekannten Fabrik
des Herrn Maierhoffer und Klinkosch, die äußere Firma, wirklich sehenswert, macht ihrem Anfertiger, dem
Herrn Schriftenmaler Karl Lang, Ehre; ein Kaffeekoch-
apparat, der das Aroma bewahrt, ist von dem bgl. Kup-
ferschmied, Hrn. Rainer; der bewährte Maschinist,

Hr. Samuel Bollinger, hat eine sinnreiche Kaffeemühle geliefert", warb die Zeitschrift „Der Humorist" zur Eröffnung und fügte hinzu: „Zeitungsleser finden bei dreißig in- und ausländische Journale."

Im Jahr 1848 etablierte sich hier ein ungarischer Zeitungsleseverein; besonders berühmt soll im bgl. Kaffeehaus des Hrn. Kappelmayer der dort gebraute Punsch gewesen sein. Doch bereits 1850 ging das Lokal in den Besitz eines gewissen Billisauer über. Fünfzig Jahre später wurde das Lokal dann von Frau Katharina Langekker geleitet.

Soweit die Geschichte dieses Kaffeehauses, rätselhaft bleibt weiterhin der Ort des Geschehens. Die oben genannte Quer-Gasse, um die Jahrhundertwende in Georgsgasse umbenannt, heißt heute anders, und das langgezogene Josefstädter Glacis, entstanden im Zuge der frühen Ringstraßenverbauung, wurde später als Landesgerichtsstraße umnumeriert. Erst Dominik Billers Plan von Wien aus dem Jahr 1860 vermag das Rätsel der Hausnummer zu lösen. 145 Jahre ist somit das heutige Café Rathaus alt, und zu finden ist es recht leicht, sofern man in der U2-Haltestelle „Rathaus" mit einigem Glück den richtigen Ausgang erraten sollte.

*R*ITTER

6., Mariahilfer Straße 73
Tel. 587 82 38, Gästeruf: 587 82 37/38
täglich 7 – 22 Uhr.

Geräumiges Eck-Café mit durchgehend warmer Küche, Spielzimmer und schmalem Vorgarten.

Ein Attentäter als Stammgast

Das geräumige Ecklokal steht dort, wo sich einst das weitläufige Sommerpalais der Fürsten Esterházy befand. Auf einem Gemälde im Spielzimmer ist es erhalten geblieben: ein helleuchtendes Rokokoschloß, davor Damen und Herren um einen Springbrunnen Watteau-artig gruppiert. 1867 wurde das Palais von der Gemeinde Wien erworben und die Anlage kommunalen Einrichtungen zugeführt. Seither existiert hier auch ein Kaffeehaus, das sein Besitzer Isidor Strasser um 1920 modernisieren ließ und das Anfang der fünfziger Jahre mit neuen Sesseln und Lederbänken ausgestattet wurde.

Das „Ritter" war immer schon Treffpunkt eines bürgerlichen Publikums gewesen und ist es auch heute noch. Maler, Schriftsteller, Schauspieler und andere fragwürdige Existenzen bevorzugten das gegenüberliegende, 1872 eröffnete Hotel Kummer. Zur Zeit Friedrich Schlögls traf man hier in lauter Runde einen Anzengruber, Rosegger, Rudolf Alt, Stampfer und Martinelli, doch wer Ruhe und bürgerliche Annehmlichkeiten suchte, der saß im Café Ritter. Der geachtete Stammgast Dr. Friedrich Adler beispielsweise, der 1916 im Hotel Meißl & Schadn nach dem Verzehr von Reibgerstlsuppe, Rindfleisch mit Kohl und Zwetschkenkuchen den k. k. Ministerpräsidenten Karl Graf Stürgkh erschossen hatte. Verwundert über den österreichischen Sozialismus notierte der literarische Stadtstreicher Emil Szittya dann auch 1923: „Nach der österreichischen Revolution sah ich Friedrich Adler sehr oft in Wien im Café Ritter auf der Mariahilfer-Straße. Der etwas schlampig gekleidete Revolutionär machte auf mich einen ganz anderen Eindruck, als ich mir vorgestellt hatte."

„Die Kaffeehäuser waren aufgeteilt in Cliquen, und nur selten verirrten sich Unbefugte. Das ‚Europe' war die Domäne des Lasters, im ‚Dobner' saßen Kabarettisten und die Komparserie, im ‚Museum' saß die Kunst, im ‚Central' der Journalismus (insbesondere das Feuilleton), im ‚Herrenhof' die mittlere und hohe Literatur (einschließlich hübscher Mädchen), im ‚Imperial' ein einsamer Karl Kraus. In sämtlichen Lokalen wurde Schach, Tarock, Billard gespielt. Und vor allen Dingen gekiebitzt."

Hans Reimann,
Mein blaues Wunder, Lebensmosaik eines Humoristen,
München 1959

---

*R*ITTER

Billard-Café
16., Ottakringer Straße 117
Tel. 46 12 53
Sonntag bis Freitag 8 – 1 Uhr früh,
Samstag Ruhetag.

Altes Eck-Café mit vier Billardtischen,
tabakbraunen Stuckdecken,
Wandgemälden, ehrwürdiger Holztäfelung
und den dazugehörigen Spiegeln und
Kugellampen; mit Wiener Frühstück und
kleinen Imbissen, inmitten des
Stadterneuerungsgebietes Ottakring
gelegen.

Stadtcafé im Vorortebezirk

Unzählige Preispokale in der Vitrine, profimäßige Wett-
bewerbslisten und vier Spieltische weisen unüberseh-
bar darauf hin, daß hier der 1936 gegründete „Erste
Ottakringer Billardclub" seinen Stammsitz hat.
Seit Wilhelm Ritter 1905 sein vorerst Café Merkur ge-
nanntes Lokal eröffnete, ist das „Ritter" immer schon
Versammlungsort vieler Vereine und emsiger Stammtische gewesen, und noch heute trifft man hier die Al-
pin-Gesellschaft „D' Gloggnitzer", die „J. G. Hubertus-
runde XVI", die „Ottakringer Liedertafel", den Orche-
sterverein des Bezirkes und die stämmigen Burschen
des Athleten-Clubs „Cherusker".
Und seit vor einigen Jahren das schon um die Jahrhundertwende von Franz Brandl betriebene Café Alt-Wien
auf der Ottakringer Straße 45 sperren mußte, ist das
„Ritter" auch das einzig verbliebene nennenswerte Kaffeehaus im Vorstadtbezirk Wien XVI.

RÜDIGERHOF

5., Hamburgerstraße 20
Tel. 56 31 38
Sonntag bis Freitag 9 – 2 Uhr früh,
Samstag Ruhetag.

Warme Küche von 12 – 14 und 18 – 23 Uhr.
Mit zahlreichen Spielen (Backgammon,
Schach, diverse Kartenspiele) und schönem
Garten nahe dem Wienfluß.

Spielstätte

Als typisches Beispiel moderner Architektur der Jahrhundertwende errichtete der Architekt und Zionist Oskar Marmorek 1902 das Wohnhaus mit seiner glatten
Putzfassade. Wenige Wochen später öffnete bereits das
Café Rüdigerhof seine Pforten.

Am Abend, wenn die U4 die zahlreichen Fenster des
Lokals nicht mehr zum Erklirren bringt, verwandelt
sich das „Rüdigerhof" in ein Spielercafé. Schach, Backgammon und Karten werden aus einer Leidenschaft
heraus gespielt, wie dies eben nur professionell Süchti-
ge vermögen, es sei denn, man kommt eines Tages auf
den abgeklärten Standpunkt Johann Nestroys: „Daß das
Spiel nicht Sache des Verstandes ist, das zeigt sich ja
schon aus dem ganz klar, daß die g'scheitesten Leut'
beim Spiel oft so dumm daherreden. Man muß nur ins
Kaffeehaus gehen und zuschau'n, da begreift man gar
nicht, wie's möglich war, daß man jemals selber mitge-
spielt hat."

Der dies schrieb, verbrachte regelmäßig die Stunden
vor Theaterbeginn im Kaffeehaus und spielte mit großer Ausdauer und geringem Glück Tarock oder Whist.

SACHER

1., Philharmonikerstraße 4
Tel. 512 14 87
täglich 6.15 – 23.30 Uhr.

Traditionsreiches zweiräumiges Wiener Kaffeehaus hinter der Oper und nahe der Albertina. Im Sommer mit überdachtem Vorgarten. Kein Krawattenzwang.

Stammtisch der Operettenwelt

Dort, wo einst das alte Kärntnertortheater stand, ließ 1876 der Restaurateur Eduard Sacher ein Hotel mit angeschlossenem Café errichten. Seiner Witwe Anna Maria gelang es dann, das Unternehmen über den Ersten Weltkrieg hinaus als international angesehene Institution zu führen. Hohe Ex-Offiziere und der einstige Adel hatten sich hier einquartiert.

In den zwanziger Jahren war im „Sacher" auch die Wiener Operette versammelt, Oscar Straus, die beiden Marischka, der Glawatsch, die Zwerenz und viele andere. „Der bekannteste Künstler-Stammtisch in Wien gruppiert sich im Café Sacher um Louis Treumann", schrieb die Zeitschrift „Die Bühne" im November 1925. Von zwei bis vier Uhr nachmittags war er hier täglich anzutreffen, dann zerfiel sein Reich in mehrere kleinere, bis gegen sieben Uhr abends als letzte Ausläufer Kálmán und seine Librettisten sowie die Werginz samt Gatten auftauchten. „Am Nachmittag zwischen 3 und 6 Uhr können Sie hier die verschiedenen Meister, Verdiener und Mitläufer des Operettenmarktes sehen", bemerkte 1927 respektlos Ludwig Hirschfeld in seinem „Buch von Wien. Was nicht im Baedeker steht". „Da fährt Emmerich Kálmán vor, bereits von seinen getreuen und eifersüchtig wachsamen Leiblibrettisten Brammer und Grünwald erwartet, da sitzt der witzige Rudolf Österreicher, der abgeklärte Dr. Willner, der höflich ruhige Heinz Reichert, der gedankenblasse Willy Sterk, da sitzen die Operettenverleger, namentlich die kleineren, die Tenöre und Komiker, da wird fachgesimpelt, da werden Mißerfolge prophezeit, Tantiemenerfolge geschätzt."

Die bedeutendste Hommage auf das Wiener Kaffeehaus

allerdings, die bald ihren Siegeszug um die Welt antreten sollte, das Lied „In einem kleinen Café in Hernals", die schufen die beiden Sacher-Stammgäste Peter Herz und Hermann Leopoldi 1929 im nahen Café Heinrichshof.

SCHOPENHAUER

18., Staudgasse 1
Tel. 42 67 02
täglich 9 – 2 Uhr früh.

An der Ecke zur Schopenhauerstraße gelegen, mit drei Billard- und zahlreichen Schach- und Kartenspieltischen; ein Alt-Wiener Kaffeehaus mit Tageskarte, Wiener Frühstück, Fernseher, Zeitungstisch, neuem Windfang und schön renoviertem Portal.

Nachruf auf einen Rittmeister

Nach der Jahrhundertwende betrieb der Cafetier Johann Schnabl in der Staudgasse 1 ein Café, das er „Elite" nannte und aus dem später das „Schopenhauer" hervorgehen sollte. Mit seinen zahlreichen Rundbogenfenstern, den dunkelbraunen Parkettböden und eigenwillig geformten, niedrig hängenden messingfarbenen Beleuchtungskörpern über den Spieltischen erinnert das Kaffeehaus ein wenig an jene vergangenen Zeiten, als die Marköre gegen Aufpreis, auf einem Tragschemel stehend und umgeben von nervös wartenden Spielern, die Kerzen über den Billardtischen „schneuzen" mußten.

Das Café Schopenhauer erinnert auch daran, daß hier ein Schnaps namens „Rittmeister" ausgeschenkt wurde: ein großer Slibowitz, in dickwandigem Glas serviert und bedeckt mit einer Zitronenscheibe, auf der ein Kaffeelöffel Staubzucker und dieselbe Menge feingemahlenen Bohnenkaffees Platz fanden. Der Kabarettist

Lukas Resetarits und der Schreiber dieser Zeilen haben ihn hier, anläßlich eines längeren Arbeitsgespräches, erprobt. Die heilsame Wirkung des „Rittmeisters" bestehe nämlich vor allem darin, wußte damals Lukas Resetarits durchaus glaubwürdig zu berichten, daß man bei seiner oftmaligen Konsumation gleichsam immer nüchterner werde. Der Rest ist Geschichte.

Doch inmitten der philosophischen Ruhe des Lokals beschleicht einen leise Schopenhauersche Misanthropie, denn diesen erstaunlichen „Rittmeister" von einst, den gibt es hier nicht mehr, stattdessen Bacardi und Red Bull.

*S*CHOTTENRING

1., Schottenring 19

Tel. 34 33 85, Fax 533 75 37

Montag bis Samstag 7 – 23 Uhr,

Sonn- und Feiertage 10 – 20 Uhr.

Mit durchgehend warmer Küche und zahlreichen Kaffeespezialitäten, Vorgarten im Sommer und einem Interieur, das friedlich fünfziger Jahre mit Gründerzeit vereint.

„Barter-Beisl" im Extrazimmer

„Information, und zwar möglichst ganz frisch und intern, ist einer der gewichtigen Faktoren dieses ein wenig sonderbaren Stammtisches, an dem – im Extrazimmer des Café Schottenring – an jedem ersten Montag eines Monats Konkurrenten friedlich und sogar sichtlich vergnügt beisammensitzen: Osthändler, Unternehmer, Banker und führende Vertreter von großen Firmen", schrieb das Wirtschaftsmagazin „trend" in seiner Dezemberausgabe 1986.

Gegründet wurde der Stammtisch als Drehscheibe für Ost-West-Geschäfte, und im Extrazimmer des Café Schottenring gegenüber der Wiener Börse tagt tatsächlich kein exklusiver Klub, sondern eine schlichte Stammtischrunde, für die man allerdings eine schriftliche Einladung benötigt. Offiziell heißt das Ganze „Countertrade Round Table Meeting", inoffiziell, da es stets um bargeldlose Ware-gegen-Ware-Geschäfte geht, „Barter-Beisl".

Für einen Abend im Café Schottenring fliegen Franzosen, Deutsche, Engländer, Nordafrikaner und Japaner ein und verwandeln in wenigen Stunden und bei bescheidener Konsumation tunesische Datteln in griechische Oliven, die in amerikanisches Glas umgetauscht werden, mit dem sich ungarische Gänseleber kaufen läßt, die, gegen elektronische Meßgeräte aus Südkorea aufgerechnet, Aluminium-Druckgußwaren ergeben, die dann gegen jene Schrauben gewechselt werden können, die man in Bulgarien in Zahlung nehmen mußte, um schließlich, den Umweg über tschechische Sportbekleidung nicht scheuend, in den Besitz preiswerter tunesischer Datteln zu gelangen.

SCHWARZENBERG

Konzert-Café
1., Kärntner Ring 17
Tel. 512 89 98, 512 73 93
Sonntag bis Freitag 7–24 Uhr,
Samstag 9–24 Uhr.

Gemeindeeigener WIGAST-Betrieb, in- und ausländische Zeitungen, durchgehend Wiener und internationale Küche, Teespezialitäten, reichhaltiges Zigarrenangebot. Täglich von 16–19 und 20–22 Uhr Klaviermusik. Im Sommer große, überdachte Terrasse, zur Ringstraße hin gelegen.

Café & Korso

1861, als sich die Wiener Ringstraße noch in Bau befand, eröffneten in dem eben entstandenen Haus auf dem Kärntner Ring 17 Johanna und Raimund Hochleitner ein Kaffeehaus. Noch stand das Reiterdenkmal des Siegers der Völkerschlacht von Leipzig, Feldmarschall Fürst Carl Schwarzenberg, nicht auf seinem Platz vor dem Kaffeehaus. Erst wenige Monate nach der verlorenen Schlacht bei Königgrätz wurde das Standbild des Dresdner Bildhauers Ernst Julius Hähnel hier aufgestellt und dem Feldherrn von den despektierlichen Wienern wegen seiner zögernden Geste „Anton, steck den Degen weg!" zugerufen. Auch der Kunstschriftsteller Emmerich Ranzoni nannte es bald nach seiner Aufstellung ein plastisches Vergehen, und vielleicht ist es das schwächste aller Ringstraßendenkmäler – unbestreitbar ist es das erste: am 20. Oktober 1867 wurde es in Anwesenheit Kaiser Franz Josephs feierlich enthüllt.
Und seither, bis in die Erste Republik hinein, bewegte sich hier täglich zwischen zwölf und zwei Uhr mittags die Wiener Ringstraßengesellschaft auf ihrem Korso vom Café Schwarzenberg ringaufwärts bis zur Kreuzung gegenüber der Oper, der Sirk-Ecke, „wo er verfassungsgemäß endete und sich als Gegenschlange ringabwärts dem sonnenüberschütteten, frischbelaubten Stadtpark näherte. Wer auf der anderen Seite der Ring-

straße spazierte", schrieb Hans Müller-Einigen in seinem autobiographischen Roman „Jugend in Wien", „gar wer durch die verlängerte Kärntnerstraße weiter gegen das Café Fenstergucker vordrang, tat dies auf eigene Verantwortung und Gefahr." Von der Sirk-Ecke, die dann in den „Letzten Tagen der Menschheit" von Karl Kraus eine bedeutsame Rolle beim Untergang der Ringstraßengesellschaft spielen sollte, vorbei am Grand-Hotel bis zum Café Schwarzenberg konnte man die tonangebende Schicht der Residenzstadt in ihrer eigenen Architekturlandschaft besehen und ihre täglich wiederholte Selbstdarstellung beobachten.

Nach dem Untergang der Ringstraßenwelt scheint als Besitzer des „Schwarzenberg" Heinrich Königstein auf; Schieber und Inflationsgewinner beherrschen das Lokal nun ebenso wie das gegenüberliegende Café Atlantis. In den zwanziger Jahren läßt sich täglich um die Mittagszeit der Mitbegründer der „Wiener Werkstätte", Josef Hoffmann, von seinem Chauffeur hierherfahren. Das Lokal führt jetzt der Besitzer des Café Philipphof, Otto Waltersam. „Es war nie ein Literaturcafé gewesen, sondern hauptsächlich ein Treffpunkt der Wirtschaft", charakterisiert es Geschäftsführer Reinhart Kargl, der das gemeindeeigene Lokal leitet. „Man muß auch sagen, es war ein Café, das sich immer anzupassen verstand." Und so nannte es sich nach dem „Anschluß" im März 1938, trotz der zahlreichen jüdischen Stammgäste, auch gleich „Café Deutschland". 1945, als der Platz gegenüber (nicht jedoch das anpassungsfähige Kaffeehaus) nach Josef Stalin umbenannt wurde, verkehrten im „Schwarzenberg" zahlreiche sowjetische Offiziere, die im nahen Hotel Imperial residierten. In den fünfziger Jahren, als viele Ringstraßencafés in Autosalons verwandelt wurden, versuchte das „Schwarzenberg" mit geändertem Angebot und Espressointerieur den modernen Zeiten gerecht zu werden. Im Zeichen des beginnenden Städtetourismus und nach einer Initiative des damaligen Wiener Kulturstadtrates Helmut Zilk wurde das Lokal 1979 von der Gemeinde angekauft und renoviert. Die architektonische Umgestaltung lief nicht ohne Kritik ab, doch seither weisen Decke und Wände wieder jene ehrwürdige Patina auf, deren das Kaffeehaus immer schon bedurfte. 1991 konnte das Café Schwarzenberg in alter Frische sein 130jähriges Jubiläum begehen – als ältestes Ringstraßencafé Wiens.

S PERL

Alt-Wiener Kaffeehaus
6., Gumpendorfer Straße 11
Tel. 56 41 58
Montag bis Samstag 7 – 23 Uhr, Sonn- und
Feiertage 15 – 23 Uhr (Juli, August Sonntag
geschlossen).

Denkmalgeschütztes Eck-Café mit warmer
Küche ab 12 Uhr, drei Billardtischen,
Schach, Bridge; im Sommer Gartenbetrieb,
im Herbst Literaturveranstaltungen.

Zwischen Artillerie- und Genietisch

Auf Jakob Ronacher muß schon früh der Schatten seines erfolgreichen Bruders Anton gelastet haben: Bereits als Dreiundzwanzigjähriger erwarb dieser das Gra-
zer Café Stadtpark, besaß später ein Hotel samt Casino
und zog schließlich nach Wien, wo er 1872 in der
Taborstraße das Café Alhambra eröffnete, um fünf Jahre später das Dritte Kaffeehaus im Prater zu übernehmen, in dem dann zahlreiche Offenbach-Operetten zur
Aufführung gelangten. Schließlich erfolgte am 20. April
1888 die feierliche Eröffnung seines „Etablissement Ronacher", mit dem er in die Wiener Stadtgeschichte ein-
gehen sollte.
Im Jahr 1880 ließ sein Bruder Jakob Ronacher von den
Theophil-Hansen-Schülern Groß und Jelinek ein Kaffeehaus in der Gumpendorfer Straße einrichten, das er
dann als „Café Ronacher" einige Monate betrieb, bis er
sich resigniert aus der Öffentlichkeit zurückzog. Nach
Jahresfrist gehörte das Café bereits einem Herrn Sperl,
der es zwar nur drei Jahre leitete, nach dem es aber
noch immer benannt ist. Ihm folgte der Cafetier Adolf
Kratochwilla, in dessen Familie das Lokal nunmehr
über achtzig Jahre verblieb.
Das Kaffeehaus wurde unter der neuen Leitung bald
ein beliebter Treffpunkt von Schauspielern, Künstlern
und den Militärs der nahen k. u. k. Kriegsschule. In der
Festschrift zum fünfzigjährigen Bestehen des Café Sperl
berichtete 1930 Adolf Kratochwilla junior nicht ohne
Stolz, daß bis zum Ersten Weltkrieg vor allem Künstler

und Offiziere dem Café „ein ganz besonderes Gepräge gaben". Die bewaffnete Macht hatte den „Genietisch" und den „Artillerietisch" okkupiert, und deren prominenteste Benützer waren die in der Kriegskunst nicht besonders hervorgetretenen Erzherzöge Karl Ferdinand und Josef Ferdinand wie auch der spätere Generalstabschef Conrad von Hötzendorf.

Seit den achtziger Jahren belegte hier die „Hagengesellschaft" und seit etwa 1895 der „Siebenerklub" Stammtische; aus diesen beiden Malerzirkeln entstanden zum Teil 1897 die Wiener Secession und um die Jahrhundertwende der Hagenbund. Die jungen Künstler der Hagengesellschaft saßen oftmals spätabends bei einem starken, brennend servierten Likör namens „Lagerfeuer" zusammen und hatten es sich dabei zur Gewohnheit gemacht, die Marmortische des Cafés zu bemalen. „Da saß man an den runden Tischen", schrieb der Kunstkritiker Ludwig Hevesi 1905, „deren Marmorplatten so weiß und glatt waren, daß man wirklich nicht umhin konnte, sie zu beklecksen". Und selbst die Kellner waren oft gerührt „und hatten nicht das Herz, diese Sachen wegzuwaschen, sondern ließen sie die ganze Woche unbehelligt, bis ja schließlich doch der Schwamm darüberging". Als es Adolf Kratochwilla dann zu dumm wurde, folgte er einer Anregung des Malers Stöhr und stellte den Künstlern Packpapier zur Verfügung. So entstand Mappe um Mappe einer humoristischen Wiener Kunstgeschichte aus dem Ende des 19. Jahrhunderts, die sich heute in der Albertina und im Archiv der Akademie der bildenden Künste befinden.

Stammgäste waren auch die Schauspieler Girardi und Lewinsky sowie die Komponisten Eysler, Millöcker und Lehár, der allerdings nicht in der später links vom „Sperl" beginnenden Lehárgasse wohnte.

Saß man hier noch zur Jahrhundertfeier des Lokals auf schadhaftem Plüsch und nackten Sprungfedern und besah sich gemeinsam mit dem Personal das Nachmittagsprogramm im Fernsehen, so hat sich seit der Renovierung 1983 vieles geändert. Bewahrt hat sich das Café Sperl die Atmosphäre eines Wiener Kaffeehauses gegen Ende des 19. Jahrhunderts.

*S*TADLMANN

9., Währinger Straße 26
Tel. 34 13 08
Montag bis Freitag 8 – 21 Uhr,
Samstag, Sonn- und Feiertage geschlossen.

*Das Kaffeehaus mit seinen roten
Plüschbänken und der braunen
Holztäfelung bietet ein umfangreiches
Speisenangebot, hausgemachte
Mehlspeisen und vor allem eine ruhige,
angenehme Atmosphäre.*

Gegenüber der Anatomie

Zwischen medizinischem und philosophischem Institut
liegt Herrn Horneks Kaffeehaus, das in jüngster Zeit in
der Nachbarschaft einige Konkurrenz erhalten hat
(„Stein", „Monokel"), ohne dem Alt-Wiener Lokal seine
Stammkundschaft zu rauben: Angehende und absolvier-
te Mediziner sowie Philosophen jeglichen Alters finden
sich noch immer zahlreich ein.
Ende der neunziger Jahre des vorigen Jahrhunderts betrieben hier Anna Geißler und ihr Volkssängerkollege
und späterer Ehemann Katzer bereits ein Kaffeehaus,
das zu Beginn des neuen Jahrhunderts dann an Chaskal
Feuer überging. In den zwanziger Jahren, als es sich
bereits „Stadlmann" nennt, saß ebenda oftmals Heimito
von Doderer (was Sie sich als chronologischer Leser
an dieser Stelle über den Romancier denken, das habe
ich mir auch schon gedacht). Doderer also traf sich
hier neun Jahre hindurch mit seiner Verlobten Gusti
Hasterlik, ehe er sie schließlich im Mai 1930 heiratete.
Ein Jahr später zeichnete sich das Scheitern der Ehe
bereits ab, und Doderer saß von nun an ungestört im
„Schwarzspanier", im „Klinik", „Josephinum", „Astoria", „Brioni", „Bauernfeld", „Falstaff", „Grillparzer",
„Lichtenwerd" oder eben, wenig nachtragend, im
„Stadlmann".

*T*IROLERHOF

1., Führichgasse 8
Tel. 512 78 33
Montag bis Samstag 7 – 21 Uhr,
Sonn- und Feiertage 9.30 – 20 Uhr.

Durchgehend warme Küche, aus dem
Mehlspeisenangebot sei besonders der
täglich frische Apfelstrudel vermerkt.
Zahlreiche in- und ausländische Zeitungen.

„Besonders für Damen"

Das „Tirolerhof" an der Ecke zur Tegetthoffstraße, in
charakteristischer L-Form angelegt, ist trotz Renovierung
ein Kaffeehaus alten Stils, mit schönem Windfang, gemütlichen Nischen und dem täglich frischen Apfelstrudel.
Kein Wunder also, daß es immer ziemlich voll ist.
1910 wurde das Lokal im Baedeker als „Kaffee- und
Milchwirtschaft" geführt, die auch vom weiblichen Geschlecht besucht werde; auch Alfred von Baldaß er-
wähnt in seinem 1925 erschienenen Wien-Führer, das
Kaffeehaus der Gebrüder Kunz sei „besonders für Damen" geeignet. Ein Hinweis, der uns verrät: das Wiener
Kaffeehaus war seit seiner Gründung kurz nach den
Zweiten Türkenkriegen immer schon eine männerbün-
dische Institution. „Bis 1840", bestärkt dies auch der
Kaffeehaushistoriker Gustav Gugitz, „wäre eine Frau in
einem Wiener Kaffeehaus eine glatte Unmöglichkeit gewesen, außer in den Sommerzelten." Im Biedermeier-
Wien hatte zwar Ignaz Neuner in seinem „Silbernen
Kaffeehaus" ein durch Glaswände getrenntes „Damen-
zimmer" etabliert, doch hier saß zumeist, hinter einer
großen Zeitung versteckt, Christian von Zedlitz, der von
der Damenwelt geschätzte Dichter der „Totenkränze",
in vornehmer Isoliertheit. Auch all die Liberalen, Refor-
mer und Revolutionäre des Sturmjahres 1848 – im Kaffeehaus blieben sie lieber unter sich. In den achtziger
Jahren des vorigen Jahrhunderts war es dann das Café
Arkaden hinter der neuen Universität, in dem sich ein
Damensalon samt striktem Herrenverbot etablieren
konnte; später folgte Arnbergers Café Korb auf den
Tuchlauben, wo ein kleiner Kreis von Damen seßhaft
wurde.

Bertha Eckstein, die unter dem Pseudonym Sir Galahad damals erste Beiträge zu einer weiblichen Kulturgeschichte zu verfassen begann, und deren Ehemann, der Polyhistor Friedrich Eckstein, zu den eifrigsten Kaffeehausbesuchern Wiens zählte, unterschied um die Jahrhundertwende zwischen anständigen und zweifelhaften Frauen. Letztere waren Emanzipierte, Künstlerinnen, Bohemiennes – und die gingen ins Café; die Anständigen jedoch, so befand sie, „hielten es für unpassend".
Erst nach einem verlorenen Weltkrieg, als während der Revolutionswirren 1918 in der Wiener Innenstadt ein neues Lokal seine Pforten öffnete, blieben auch Frauen nicht länger von dieser Institution ausgeschlossen. Das nämliche Kaffeehaus hieß dann „Herrenhof".

„Das Kaffeehaus ist von Wien aus als ‚Wiener Café' in die Welt gegangen. Es ist für die Wiener nicht blos Erfrischungs- oder Speiseraum – man bekommt daselbst auch Schinken, Eier, Kuchen –, sondern auch Salon für gesellige Unterhaltung und Spiele: Karten, Billard, Schach; es ist für viele auch Lesekabinet und Geschäftsstelle. Man findet daher im Kaffeehaus eine stattliche Menge Zeitungen, Monatsschriften, Broschüren, Hilfsbücher: Adreßbücher, Kalender, Fahrordnungen, Nachschlagebücher, insbesondere Konversationslexika. Auch eigene Schreibtische stehen zuweilen bereit und die letzten Kurszettel der Börse sind ausgehändigt. Es gibt Kaffeehäuser in Wien, die Tausende von Gulden für Zeitungsbezug aufwenden. Auch das kleinste Kaffeehaus muß Zeitungen bereithalten. Die Kaffeehäuser, von denen viele ‚Vorgärtchen' haben, d. i. Plätze mit einigen Bäumen und Kübeln auf der Straße, sind am meisten morgens zum Frühstück, nach Tisch zum Nachmittagskaffee und abends nach den Theatern und Abendmahlzeiten besucht. Man trinkt ‚Melange', Kaffee mit Milch in Glas oder Schale, oder zum Selbstmischen eine ‚Portion'; ‚Braunen', ‚Kapuziner', ‚Schwarzen' in der Schale. Sommers ist das Eis, das ‚Gefrorne', vielbegehrt, dazu ‚Hohlhippen', ein Gebäck.
Es gibt in Wien sehr schön und reich, oft künstlerisch ausgestattete Kaffeehäuser, besonders im I. und II. Bezirk."

Franz Höllrigl,
Wiener Cicerone,
Wien 1903

---

*V*OTIV

1., Reichsratsstraße 17
Tel. 402 38 72
Montag bis Freitag 8 – 22 Uhr,
Samstag, Sonn- und Feiertage 10 – 19 Uhr.

Einst traditionelles Studenten-Café mit
Kabarett- und Theatervergangenheit. Im
Sommer mit Vorgarten unter den Arkaden,
im Hinterzimmer trifft man mitunter
Kartenpartien oder studentische
Arbeitsgruppen. Mit hausgemachten
Mehlspeisen, kleiner Speisekarte und
zahlreichen Illustrierten.

Bekannte Gesichter, gemischte Gefühle

Ein typisches Intellektuellen-Café im Stil der existentia-
listischen fünfziger Jahre war das im Sommer 1990
grundlegend renovierte Votiv-Espresso, hinter der Universität und deren Bibliothek gelegen, einst gewesen.
Hier stand bis gegen Ende des Zweiten Weltkrieges das
Café Arkaden, und als in den dreißiger Jahren zahlreiche Kleinkunstbühnen in Kaffeehäusern eröffneten,
ließ dies auch den Cafetier Albert Lorbeer nicht ruhen.
So wurde hier 1934 das Kabarett „Regenbogen" von
Hans Lengsfelder und Teddy Bill gegründet, das dann
unter der Leitung von Paul Freiwirt die zwei Programme „Eins, Zwei, Drei ... Los!!!" und „Kennen Sie
Wien...?" spielte.
1935 übersiedelte das damals politisch schärfste Kabarett Wiens, das ABC, aus dem Café City in der Porzellangasse 1 in die Räumlichkeiten des Café Arkaden und
nannte sich nun „ABC im Regenbogen". Mitwirkende
waren unter anderem: Leo Askenasy (Leon Askin), Cis-
sy Kraner, Robert Lindner, Josef Meinrad, Lilli Palmer
und Peter Preses, unter den Autoren fanden sich Fritz
Eckhardt, Peter Hammerschlag, Hugo F. Koenigsgarten,
Lothar Metzl, Georg Hermann Mostar, Franz Paul,
Friedrich Torberg, Hans Weigel und Jura Soyfer.
Soyfer war im Herbst 1935 zum „ABC im Regenbogen"
gestoßen und wirkte dort erstmals am „Bunten Herbst-
programm" mit. Sein Ansehen als Bühnenautor stieg

von Programm zu Programm, und über das dritte schrieb Milan Dubrovic im „Neuen Wiener Abendblatt" am 3. März 1936: „Das Kabarett ‚ABC im Regenbogen' (Café Arkaden) treibt diesmal seine satirische Angriffslust unter dem Geknatter wirksamen kabarettistischen Kleingeschützes bis an die äußerste Grenze kritischer Auseinandersetzung mit dem Zeitgeschehen vor."

Soyfers endgültiger Durchbruch zum Hausdichter des ABC im Café Arkaden erfolgte mit dem Programm „Zwischen Himmel und Erde", für das er den „Weltuntergang" schrieb. Im Frühjahr 1937 folgte „Die Botschaft von Astoria", Musik von Jimmy Berg, in der nächsten Spielzeit wurden „Der treueste Bürger Bagdads" und „Vineta, die versunkene Stadt" aufgeführt. Im 22. Programm, gespielt von November 1937 bis Jänner 1938, ertönte seine Hasenclever-Tucholsky-Bearbeitung „Broadway-Melodie 1492". Danach wurde Jura Soyfer verhaftet, das Kabarett mußte schließlich am 13. März 1938 sperren.

Im Zweiten Weltkrieg ausgebombt, wurde das neu entstandene Café in den fünfziger Jahren, als allerorten Espressi aus dem Boden schossen, wieder zum beliebten Studentenlokal, in dem bald junge Avantgardegruppen moderne Stücke inszenierten und wo 1968 auch die Revolution im Hinterzimmer mehrmals geprobt wurde.

Zwischen 1972 und 1980 trat Dieter Haspels Ensembletheater öfters im Votiv-Espresso auf. Werke von Goldoni, Faßbinder, Schnitzler und Ungers „Der Doge von Venedig kocht Papa" wurden gespielt und erstmals in Wien Botho Strauß aufgeführt. „Bekannte Gesichter, gemischte Gefühle" mußte besonders leise inszeniert werden, da der damals sehr bekannte ehemalige Vizekanzler Bruno Pittermann täglich im Hinterzimmer beim Kartenmischen saß und von der Neuen Innerlichkeit nicht gestört werden durfte.

WEIDINGER

16., Lerchenfelder Gürtel 1
Tel. 92 52 94
Montag bis Samstag 7 – 2 Uhr früh,
Sonn- und Feiertage 8 – 2 Uhr früh.

Eck-Café mit braunen Plüschbänken,
durchgehend kleiner Kaffeehausküche, vier
Billardtischen, Kegelbahn und einem
Spielzimmer mit ständigen Tarockrunden.
Kleiner Vorgarten während der schönen
Jahreszeit.

Aus Tarockanien

Vor 80 Jahren wurde das Gürtelcafé gegründet, und es
zählt heute zu den ältesten, die sich noch in Familienbesitz befinden. Im August 1983 von Robert Maria
Stieg renoviert, wurde seine Identität als Familiencafé
beibehalten, als einzige Neuerung hängt seither eine
Art Jugendstilspiegel an der Rückwand des kürzeren
Raumflügels. Schon immer frequentierten zahlreiche
Kartenspieler das Lokal, im „Weidinger" wird seit jeher
viel tarockiert.
Das Kartenspiel war in den Kaffeehäusern Wiens von
Anfang an üblich, und schon zu Beginn des 18. Jahrhunderts heißt es in einem landesfürstlichen Dekret,
daß „ohne Scheu so wohl bey offentlichen Spielhaltern
in Kaffee- und Spielhäusern, als auch in privaten Orten
und Zusammenkunften mit großem Verlust gespielet"
werde. An verbotenen Spielen nennt die Verfügung:
„Bassetta, Trenta quaranta, Landsknecht, Pharao, Fär-
beln, Rauschen, Würfeln, Banco Spiel, Bassa dieci".
Den „Taillierern und Banco-Haltern" wurde eine Geld-
strafe von tausend Gulden angedroht, die „Pointierer
und Mitspieler" aber, wie auch diejenigen, „welche
bey dergleichen verbottenen Spielen" zwar nicht mit-
spielten, jedoch in den Kaffeehäusern um hohes Geld
mitwetteten, sollten mit tausend Reichstalern bestraft
werden. Die gleiche Strafe drohte den Lokalbesitzern.
Dem gewissenhaften Anzeiger aber wurde ein Drittel
der eingehenden Strafgelder zugesprochen.
Mit dem „guten Kaiser Franz" erreichte die Bevormun-

dung durch unerbittliche polizeiliche Unterdrückung auch in den Kaffeehäusern ihren Höhepunkt. Die Cafés mußten damals an Sonn- und Feiertagen geschlossen halten; am 15. Mai 1800 wurde die josefinische Erlaubnis, Spielzimmer im ersten Stock oder an abgesonderten Orten zu betreiben, widerrufen. 1802 berichten die „Eipeldauerbriefe", ein Organ, das den Regierungsentscheiden Popularität verschaffen sollte, daß „in Zukunft alle Kafé- und Bierhäuser bloß z'ebener Erd sein müssen". Ein Jahr später verschlechterte sich die Lage für die Kaffeesieder noch, als amtlicherseits beschlossen wurde, die Spielerlaubnis um eine Stunde hinauszuschieben, vor vier Uhr durfte nunmehr mit dem Spiel nicht mehr begonnen werden. 1807 versuchten die Kaffeehausbesitzer gegen einen Erlag von jährlich tausend Gulden für Wohltätigkeitsanstalten das Herz der Behörden zu erweichen – erfolglos. Erst seit dem Wiener Kongreß, mit der Entstehung der ersten Luxuskaffeehäuser in Wien, dürfte die schwere Spielerzeit ihr Ende gefunden haben. Seither wurden die Kaffeehäuser zum Mekka der Kartenspieler: Préference, Bridge, Rommé mit seiner modernen Version, dem Canasta, und Tarock wurden nun häufig gespielt.

„Es war ein lärmendes Kaffeehaus, wo die meisten Gäste Karten spielten. Der Rauch der Zigaretten und Zigarren stand kalt über ihren Köpfen, kalt, schwer und fest, in Knäueln, Klumpen und Blöcken. Die Männer saßen in Hemdärmeln, die Kellner standen hinter ihnen, sahen zu, wie sie spielten. Man mischte Karten mit zauberhafter Geschwindigkeit. Man warf sie auf die Tische, sie klatschten auf, als wären sie ins Wasser gefallen. Die Spieler riefen einander harte Worte zu, eine rätselhafte Art fremder Zauberflüche, es sah aus, als stritten sie heftig, indessen sie lachten. Kreide lief kreischend über trockene Täfelchen. Nasse Schwämmchen lagen auf Schalen, merkwürdige Tiere. Vom anderen Ende des Saales kam ein leises Klappern von Billardkugeln herüber."

Joseph Roth,
Zipper und sein Vater (1928)

Besonders Tarock war ein Spiel, das häufig Literaten im Griensteidl, Central und im Herrenhof anzog. Dort konnte man laut Anton Kuh verläßlich den Kritiker und Feuilletonisten Alfred Polgar sitzen und Tarock spielen sehen, „es war aber nicht das Tarockspiel eines Bürgers, es war Buddhas Flucht ins Tarock; sah man ihn so stundenlang sitzen, dann war gewiß der Gedanke kaum unterdrückbar: ‚Herrgott, was könnte aus dem Mann werden, wenn er nicht stundenlang tarockspielend säße!‘ Diesethalben saß er und spielte.“

Und diesethalben sitzen sie auch täglich im Café Weidinger an ihren grünbespannten Tischen und geben sich in tiefer Stille, die nur von knappen Kommentaren unterbrochen wird, ihrer sonderbaren Leidenschaft hin.

Es gab Cafés für die verschiedenen Lager und Branchen, Arbeiter-Cafés in den Vorstädten, Kaufmann-Cafés in den Geschäftsvierteln, Künstler-Cafés um die Akademie und Sezession herum, Politiker-Cafés beim Reichsratsgebäude, Mediziner-Cafés in der Umgebung des Allgemeinen Krankenhauses.“

Stefan Großmann,
Ich war begeistert. Eine Lebensgeschichte,
Berlin 1931

WEINGARTNER

Billard-Café
15., Goldschlagstraße 6
Tel. 982 43 99
Freitag bis Mittwoch 9 – 2 Uhr früh,
Donnerstag 9 – 24 Uhr.

*Billard-Kaffeehaus mit drei Turniertischen,
Fernseher und kleinen Imbissen.*

Niemals außer Rand und Band

1883 wurde das Kaffeehaus in Fünfhaus gegründet, seit einigen Jahren führt es nun der aus einer Cafetiersfamilie stammende Heinrich Weingartner. Der jetzige Besitzer verstand es auch kongenial, Pflicht und Neigung zu verbinden: Als Billard-Europa- und fünfzehnfacher österreichischer Staatsmeister betreibt er ein Billard-Zubehörgeschäft und nunmehr auch ein Kaffeehaus, in dem er sich mit den Anhängern des „Noble jeux" täglich trifft. Dementsprechend sind auch die Stammgäste des Herrn Weingartner: gewiegte Billard-Spieler, die nicht so bald außer Rand und Band geraten.

„Es ist ein Spiel, darüber hinaus aber eine ernsthafte sportliche Disziplin und dabei auch eine Haltung, eine Philosophie, die durch die lange Übung von Fertigkeiten, Planung, Berechnung und Erfahrung in den Charakter des Spielers übergeht", befand der talentierte Billardeur und Schriftsteller Helmut Eisendle über das Spiel, das schon Anfang des achtzehnten Jahrhunderts in den Wiener Kaffeehäusern üblich wurde.

Bereits 1745 tat die Regierung kund, daß die Kaffeesieder einen Billardtisch „nirgends anderswo als in ihren zu ebener Erde auf die Gassen hinaus eingerichteten Gewölbern oder in einem gleich daran aufstellen, wo jedoch die Fenster auf die Gassen gehen sollen". Aus dem amtlichen Erlaß läßt sich schließen, daß Billard schon damals ein weitverbreitetes Spiel war, sehr zum Mißfallen der Regierung, die auch verbot, Vorhänge und Fensterläden zu schließen, solange sich Gäste bis zur vorgeschriebenen Sperrstunde im Spielzimmer aufhielten. Erst unter Josef II. wurden derart lästige Beschränkungen auf- und fortan eine Gebühr eingehoben, die den Armen Wiens zugute kommen sollte.

Die Billardtische waren damals länger als heute üblich und mit Holzplatten für das Kegelspiel versehen; gespielt wurde mit ungeraden Stöcken. „Man spielt die langweilige spanische Partie oder Pyramide, sehr selten die italienische, noch seltener à la guerre", berichtet der Lokalhistoriker Franz Gräffer in seinen „Kleinen Wiener Memoiren" über die Billardgewohnheiten um 1800. „Das Spiel war teuer; vier gute Kreuzer die Partie, und man spielte mit Eifer und gut. Jetzt ist es wohlfeil, und man spielt nachlässig und schlecht", schreibt Gräffer über die Gegenwart des Jahres 1846. 1806 zahlte man in Wien für eine Partie Billard am Tage drei und „bei Licht" 6 Kreuzer, für die spanische Partie sogar vier beziehungsweise acht Kreuzer, und das war ein ganz ansehnlicher Betrag in jenen Tagen, in denen man beispielsweise für einen Kreuzer bereits einen halben Liter Wein zu Kaffeehauspreisen erhielt.

Zu dieser Zeit war im Lokal des Peter Corti, der 1808 das in Verfall geratene Milanische Kaffeehaus übernommen hatte, die hohe Schule des Billardspieles vertreten; als Billardeur tat sich besonders der Sänger Josef Staudigl hervor. Anfang des 19. Jahrhunderts wurde dann zum Karambolspiel übergegangen; damals waren die Spieltische erstmals mit Marmorplatten versehen worden. Die ersten modernen Billards fanden sich im Hugelmannschen Kaffeehaus in der Leopoldstadt; dort trafen sich die besten Billardspieler Wiens. Ein oftmals von Spielern besuchtes Kaffeehaus war auch das von Taroni. „Auch Horschelt, der Schöpfer des Kinderballetts und bravouröseste Billardspieler, kam zuweilen hierher – wenn er Geld brauchte –, um eine Partie à 100 Gulden zu spielen und zu gewinnen", erinnerte sich Friedrich Schlögl in seinen „Wiener Skizzen" um die Mitte des vorigen Jahrhunderts. Später führte dieses Café den Namen Schlegel und wurde 1848 zum Hauptquartier von Reformern und Revolutionären.

Der berühmteste Billardspieler aller Zeiten verkehrte aber im Neunerschen Kaffeehaus in der Plankengasse. Der kleine, untersetzte Baron Natorp war der uneingeschränkte König des Billardspieles und bevorzugte die große Partie mit fünf Bällen. „Dabei führte er ein immenses Queue", schrieb Heinrich von Levitschnigg in seinem, die dreißiger Jahre des vorigen Jahrhunderts erhellenden Werk „Wien, wie es war und ist" über den Baron Natorp, „dessen Wucht fast jeder Marqueur scheute, und doch spielte der alte Herr ganz gemütlich zwei bis drei Stunden ohne Unterbrechung, oft mitten im Sommer bei einer Hitze von zwanzig bis dreißig Graden. Wie groß die Sicherheit seines Spieles gewesen, mag die Tatsache erhärten, daß er einen ganzen Winter über täglich von halb zwei Uhr nachmittags bis abends um sieben Uhr mit einem Gegner spielte, der sich gewöhnlich nicht einmal im Kaffeehaus befand, auch nie einen Stoß machte."

Diese merkwürdige Partie lockte Hunderte Neugierige ins Neunersche Kaffeehaus, was Herrn Ignaz Neuner sehr erfreute. Die Partie wurde um einen Gulden gespielt, die Wette dauerte den ganzen Winter hindurch, und doch hatte Natorp am Ende, nach unzähligen Partien, nicht mehr als drei Gulden zu bezahlen, was Herrn Ignaz Neuner weniger erfreute.

„Was man Kaffeehaus nennt, das ist in Wien zu Hause. Kaffee trinken, Billard spielen, Tabak rauchen gilt als nationale Beschäftigung."

Heinrich Laube,
Reise durch das Biedermeier,
Leipzig 1833 – 1837

 ESTEND

7., Mariahilfer Straße 128
Tel. 93 31 83
täglich 7 – 23 Uhr.

Durchgehend warme Küche, Extrazimmer, Schach, Zeitungstisch, kleiner Vorgarten an der Ecke zur Mariahilfer Straße und gegenüber dem Westbahnhof.

Café im Regen

Der Herbstregen rüttelt an den Fensterscheiben und verwandelt, nicht ohne Gefühl für Symbolik, den neugestalteten Europaplatz in eine öde Verkehrsfläche.

„Vor dem Westbahnhof findet sich weder Europa noch Platz", schrieb die „Presse" am 25. September 1993 recht zutreffend. Nur halbherzig versucht der Herr Ober die vereinigten Preßlufthämmer zu ignorieren und auf die verblaßten Schönheiten des Lokals aufmerksam zu machen, auf die gelbgraue Stuckdecke, und, vorsichtig mit dem Fuß auftretend, auf den „echten Parkettboden". Als Wandschmuck hat sich eine gerahmte Urkunde der Wiener Freiwilligen Rettungsgesellschaft aus dem Jahr 1920 erhalten, die an eine Spendenaktion von Stammgästen erinnert, als im Zeichen der beginnenden Inflation zweistellige Geldscheine bereits weggeworfen wurden. Über dem Stammtisch ein Dankschreiben von Einzi und Robert Stolz an die Cafetiersfamilie, verbunden mit herzlichen Glückwünschen für 1975, das Todesjahr des Komponisten.

Rund hundert Jahre ist es alt, das Café Westend. Nach dem Ersten Weltkrieg scheint als Besitzer ein Alfred Bartosch auf, seit Jahrzehnten führt es nun schon die Familie Postl.

An einem trüben Dezembermorgen des Jahres 1947 war aus langjährigem Exil der Dichter und Regisseur Berthold Viertel am Westbahnhof eingetroffen. In jenem Café schräg gegenüber dem Bahnhof, so schreibt er in seinen Erinnerungen, pflegte sein Vater lange Jahre zuvor seinen Kaffee zu nehmen und Karten zu spielen. „Die Mutter liebte dieses Caféhaus nicht, das dem ‚Mann', wie sie es nannte, eine zweite Existenz bot, in die ihr der Eintritt verwehrt war."

Auch die neuere Geschichte hat in ihrer unaufhaltsamen Art das Café am Neubaugürtel nicht verschont. „Ihr seids arm! Ihr seids grad zum Zusperrn z'rechtkommen!" begrüßte am 12. Februar 1934 vor dem Westend August Forstner, der Vorsitzende der Transportarbeitergewerkschaft, Bruno Kreisky und Paula Mraz, die sich mit Flugblättern auf dem Weg zur sogenannten Kampfleitung in Favoriten befunden hatten. „Zusperrn" – mit diesem Wort wurde die Niederlage der österreichischen Sozialdemokratie an jenem kalten Februartag besiegelt. Am 14. November 1938 verhaftete in diesem Lokal, im Zusammenhang mit einem Schlag gegen die erste zentrale Leitung der illegalen KPÖ, die Gestapo den 28jährigen Metallarbeiter Bruno Dubber, der dann 1944 von ihr ermordet wurde.

Den tristen Genius loci vor dem Westbahnhof mag auch Heimito von Doderer verspürt haben, der in seinem Roman „Die Strudlhofstiege" fast immer die Sonne

scheinen läßt. Doch als René Stangeler das Café Westend verläßt, um Grete Siebenschein vom Pariser Zug
abzuholen, hat der Regen eben aufgehört, „aus den
Straßen hatte die Sonne sich bereits zurückgezogen.
Ein maßvoll warmer Sommer-Abend ergraute."

_W_ORTNER

4., Wiedner Hauptstraße 55
Tel. 505 32 91
Montag bis Freitag 10–23 Uhr,
Samstag und Sonntag 14–23 Uhr.
Winteröffnungszeiten: Montag bis Freitag
7–23 Uhr, Samstag 10–19 Uhr, Sonn- und
Feiertage 14–21 Uhr.

_Konzert-, Literatur- und Galerie-Café mit
Lesungen, Musikveranstaltungen,
Klaviermusik und Vernissagen (jeden
Dienstag). Schöner sommerlicher
Kaffeehausgarten._

Neuer Geist im alten Haus

Am 15. November 1880 eröffnet auf der oberen Wie-
den, wo sich bereits ab 1346 ein Einkehrwirtshaus befunden hatte, Ferdinand Wortner ein neues Kaffeehaus.
Vorstadtbürger und Offiziere der nahen Theresiani-
schen Akademie werden bald seine Stammgäste. 1893
wird vor dem Lokal der Engelsbrunnen errichtet, um
den sich dann ein sommerlicher Kaffeehausgarten an-
siedelt. 1903 stirbt der Gründer, und 1919 scheint in
Adolf Scherpes lokalhistorischer Studie über die Wiener Kaffeehäuser als Besitzerin „Wortner Marie, Hauptstraße 55" auf. Kurz nach Marie Wortners Tod 1929
stirbt auch ihr Sohn Robert, und das Lokal geht auf
Robert II., danach auf Robert III. und Peter Wortner
über. Nach über hundert Jahren im Familienbesitz
wird das Kaffeehaus schließlich von einigen jungen

Unternehmern übernommen, stilgerecht renoviert und am 1. Jänner 1984 wiedereröffnet.

Seither weht ein neuer Geist durchs traditionelle Café in der Wiedner Hauptstraße: Lesungen, Ausstellungen und Musikveranstaltungen finden nun regelmäßig statt, jeden Samstag und Sonntag von 17 bis 19 Uhr tritt ein Pianist auf, Billardraum und Spielzimmer sind überfüllt, und einen Nichtrauchertisch gibt es auch.

ZARTL

3., Rasumofskygasse 7
Tel. 712 55 60
Montag bis Freitag 8 – 24 Uhr,
Samstag 8 – 18 Uhr,
Sonn- und Feiertage geschlossen.

Traditionsreiches großes Eck-Café mit durchgehend warmer Küche, Billard und Schach im Extrazimmer. Treffpunkt des Briefmarkenvereins „Donau". Jeden Samstag von 15 – 17.30 Uhr Klaviermusik.

„Treffpunkt dann im ‚Café Zartl'..."

... so steht es in Heimito von Doderers Roman „Die Wasserfälle von Slunj". Und dieses Werk scheint überhaupt um das stille Café in der Rasumofskygasse herum komponiert zu sein. „Chwostik war kein veränderungssüchtiger Mensch", heißt es dort: „Und deshalb ging er stets nach dem Mittagessen über die Gasse ins Café: durchaus fettfreie Luft, Kaffeeduft und Cigarettenrauch, Fallen der Tarock-Karten rückwärts im Spielzimmer, Stille, leises Klicksen und Klacksen der Billardbälle. Die Spieler verständigten sich nur murmelnd." Oder: „Im Café war das Licht aufgeflammt in vielen Milchglas-Monden. Der Ober ging an den Fenstern entlang mit einem Stabe in der Hand und schob überall die Vorhänge zusammen. Die Metallringe glitten glatt auf den Messingstangen und es rauschte ein wenig."

Doderers „Roman No 7, Erster Teil" spielt um die Jahrhundertwende, doch da gab es das „Zartl" unter diesem Namen noch nicht. 1883, als das Haus Rasumofskygasse 7 errichtet wurde, siedelte sich unten ein bescheidenes Kaffeehaus an. 1919 scheint als Besitzer ein Franz Pankl auf, wenig später übernahm das Lokal Robert Zartl, der zuvor am nahen Kolonitzplatz 5 ein Café geführt hatte. Die kahle Halle veränderte sich rasch in ein Kaffeehaus mit gemütlichen Sitznischen; englische Leinentapeten, Kristalluster, Billardtische und ein Extrazimmer kamen hinzu. „Weit über die Landstraße hinaus war das Kaffeehaus ein Begriff", liest man in der Broschüre „100 Jahre Zartl", „es war ebenso bekannt wie die großen Ringstraßencafés und Innenstadtkaffeehäuser." Es war auch bereits ein Literaturcafé geworden: Robert Musil, der damals nur wenige Häuser weiter, in der Rasumofskygasse 20, wohnte, verkehrte hier und saß stets an einem der Tische, die seiner Forderung nach Rückendeckung genügten; Franz Karl Ginzkey, Heimito von Doderer und Karl Farkas frequentierten das Lokal, und der Kabarettist hat es in einem Vierzeiler auch verewigt:

> „Geh' in's Cafe!"
> steht als Slogan heut auf manchem Kartl –
> In's gemütlichste Café, schön wie anno Schnee –
> in's Café Zartl!

Nach dem Krieg wurde das bombenbeschädigte Haus renoviert und das Lokal neu eingerichtet, auch die Stammgäste und Literaten fanden sich zum Teil wieder ein. „Hier habe ich u. a. meinen Roman ‚Die Wildnis früher Sommer' geschrieben (1957)", notierte Jeannie Ebner ins Gästebuch, und Milo Dor meinte über das Café Zartl: „Ein Grund, in den 3. Bezirk zu übersiedeln!"

Anfang der achtziger Jahre schien dann der Fortbestand des Kaffeehauses ernsthaft gefährdet. Für einige Zeit wurde es geschlossen, schließlich fanden sich neue Besitzer: Monika Hackl aus der Familie der Kaffeehausbesitzer Falk und ihr Ehemann nahmen das Risiko auf sich, und am 5. Oktober 1982 wurde das Lokal wiedereröffnet. „Das wiedererstandene Café Zartl, heute, am 25. 11. 82, das ist ein historischer Akt, der mich aufrichtig freut!" schrieb der Doyen der Literaturcafés und Kaffeehausliteratur, Milan Dubrovic, ins Stammbuch, und Hans Weigel ergänzte: „So schön, so gut, so gemütlich. Es soll so leben, wie es zu leben verdient!"

Seither befindet sich die nach wie vor funktionierende Filtriermaschine „Marke Kolschitzky" wieder auf ihrem Ehrenplatz gegenüber dem Eingang, und seither besuchen es auch wieder zahlreiche Prominente aus Politik und Kultur: Axel Corti, Georg Eisler, Gottfried von Einem, Friedrich Gulda, Barbara Frischmuth, Hundertwasser und Hrdlicka, Zilk und Busek, Fritz Eckhardt, Fritz Muliar und viele andere. Daß selbst die „Chicago Tribune" am 29. Mai 1983 dem „Zartl" einen Artikel widmete, vermerkt der Chef nicht ohne Genugtuung, und wenn seine Frau meint: „Bei uns können Sie wirklich bei einem Kleinen Braunen stundenlang sitzen, Zeitung lesen und sich unterhalten", so ist über das Lokal alles gesagt.

Treffpunkt dann im Café Zartl also.

BEKANNTE WIENER
CAFÉ-KONDITOREIEN

DEMEL

Hof-Konditorei
1., Kohlmarkt 14
Tel. 533 55 16, 535 17 17
täglich 10 – 18 Uhr.

Auf hohen Regency-Regalen und langen Buffettischen im Verkaufsraum findet sich alles, was den „Demel" berühmt gemacht hat: handgemachte Pralinen, hausgemachte Konfitüren, Patisserien, Torten und Mehlspeisen, deren Geheimrezepte streng gehütet werden. Streng blicken auch die weißkragigen Demelinerinnen, denn in der k. k. Hof-Zuckerbäckerei Demel am Kohlmarkt und besonders im Spiegelsalon und im Kaiserzimmer regierte schon immer die Tradition.
(Gasträume auch im ersten Stock, Demel-Salon für geschlossene Veranstaltungen, bis 200 Personen, im zweiten Stock.)

Adeliges Damenstift und aparte Kaisergruft

Und als der Krieg zu Ende war, als ein Kaiserreich in seine nationalen Trümmer zerbarst und die Revolution vor den Toren der Stadt stand, da saßen die Feudalherren, umgeben von blassen Servierdamen, würdig wie Schwestern eines adeligen Damenstiftes, in ihrer Fluchtburg am Kohlmarkt, in der Hofkonditorei Demel. „In ihren Gesichtern steht die Bekümmernis über die neue Zeit, die mit Prinzen, Baronen, Lebemännern und alleinstehenden Damen aufzuräumen droht", schrieb Anton Kuh in seiner Zeitskizze „Lenin und Demel". „Das Gespenst vom Demel 1919: Zwischen je einer Portion Eiscreme und Gotha sitzt der Lenin. Sie bannen ihn mit Witz und Spott. Aber über ihren Rücken läuft eine Gänsehaut. Sie singen im dunklen Wald der Zeit vor sich hin..."
Zwei Weltkriege, mehrere Fast-Pleiten, Revolution und Republiksgründung, den Lenin und auch den Herrn

Udo hat die k. k. Hofzuckerbäckerei Ch. Demel's Söhne bislang überlebt, doch der Pleitegeier begleitet kontrapunktorisch den Demelschen Doppeladler bis in die Gegenwart hinein. 1776 gründete Ludwig Dehne am Michaelerplatz neben dem alten Burgtheater eine Zukkerbäckerei, die zum Ahnhaus des späteren „Demel" werden sollte. Bereits sein Sohn August mußte erstmals die Firma vor drohender Pleite retten, indem er 1830 die begüterte Anna Felbermayer ehelichte. Die Konditorei, in den Wirrnissen des Jahres 1848 erneut dem Untergang nahe, wurde schließlich 1857 an den „ersten Gehilfen" Christoph Demel verkauft, und wie das Kaiserreich, so erlebte auch die auf den Kohlmarkt verlegte Konditorei in jenen Jahren einen Aufschwung. Christoph Demels Söhne Josef und Karl führten nach dessen Tod das renommierte Lokal weiter, danach die Söhne Karls, und von 1918 an lenkte Anna Demel die Geschicke des Hauses über schwierige Zeiten hinweg bis zu ihrem Tod im Jahr 1956.

Dem 1932 von Josef Hoffmann und Eduard Wimmer-Wisgrill in die Hofzuckerbäckerei eingeführten bildenden Künstler und Designer Friedrich von Berzeviczy-Pallavicini gelang es dann, dem berühmten und schon etwas vergilbten Unternehmen zu neuem Glanz zu verhelfen. Er entwarf ab nun unzählige Dekorationen und Verpackungen, stattete die Salons mit Chinoiserien aus, ließ Spiegel anbringen, die Wände in Tönen von Rosa und Hellblau färben, auf den Lustern geschliffene Milchglaskugeln montieren und veränderte so das Innere im Stil der Entstehungzeit. 1936 heiratete Friedrich von Berzeviczy-Pallavicini fast zwangsläufig Anna Demels Nichte Klára, und bald wurden auch seine Auslagengestaltungen in ganz Wien gerühmt: Figuren aus Marzipan und Zuckerguß, Dekorationen aus Goldfolien, Federn und Backwerk ergaben ein Gesamtkunstwerk ganz auf Herzmanovsky-Orlando'sche Art.

Während des Zweiten Weltkriegs fanden sich Reste der einstigen Wiener Gesellschaft, unter ihnen die Schauspieler Raoul Aslan und Axel von Ambesser, hier ein, und auf dem Gang zwischen Küche und Klosett saßen politisch Verfolgte, Torten und Mehlspeisen löffelnd, die der Gauleiter Baldur von Schirach, unter dessen besonderem Schutz die einstige Hofzuckerbäckerei stand, auf seinen Empfängen beim besten Willen nicht mehr verzehren konnte.

Nach dem Krieg blieben die Traditionen im „Demel" unangefochten, doch die Gäste aus. Auch die über al-

lem waltenden „Demelinerinnen", in klösterliches
Schwarz gekleidet und lange Zeit tatsächlich aus der
Klosterschule in Währing rekrutiert, schienen nicht
mehr in die neue Zeit zu passen. Es waren dies die
Jahre, in denen Helmut Qualtinger und Gerhard Bronner auf der Kabarettbühne reimten: „Wir sind die letzten Schwestern Oberinnen / Eines Ordens, den gibt's
nur in Wien: Der Orden nennt sich ‚Demelinerinnen' /
Und erfordert strengste Disziplin."
Bald nach dem Tode seiner Frau Klára resignierte auch
Friedrich von Berzeviczy-Pallavicini und zog sich ent-
täuscht nach Paris und New York zurück.
Eine gewisse Sonderlichkeit begleitete auch weiterhin
das Schicksal der einstigen Hofkonditorei. 1972 erwarb
eine schweizerische Briefkastenfirma namens Lylac AG,
der man, wie das Wirtschaftsmagazin „trend" im Juni
1988 kundtat, „ein besonderes Naheverhältnis zum
mittlerweile verurteilten Udo Proksch alias Serge
Kirchhofer nachsagt, um läppische 18 Millionen Schilling den Demel". Ab nun ging es am Kohlmarkt international zu: Seither gibt es im fernen Tokio einen Li-
zenz-„Demel", seither frequentieren zahlreiche Gäste
aus aller Welt das Lokal, seither wurde nach dem Geschäftsführer auch auf den Philippinen gefahndet, das
Lokal an einen Ausländer weiterverkauft, und schließlich die heimische Konkursordnung bemüht. Doch dis-
zipliniert bewahren die Demelinerinnen in all dem Tru-
bel ihre Kontenance und erkunden weiterhin distan-
ziert und distinguiert, in der Anrede die unverbindliche
dritte Person verwendend: „Haben schon gewählt?"
Und somit besteht auch die Legende am Kohlmarkt
nach wie vor ungebrochen, „als etwas ganz und gar
Lebendiges", wie Friedrich Torberg in seiner „Tante
Jolesch" über den „Demel" schrieb, „als jenes Heute,
das dem Wiener seit jeher nur die unvermeidliche
Übergangsphase zu einem besseren Gestern war".

GERSTNER

1., Kärntner Straße 15
Tel. 512 49 63
Montag bis Samstag 9–19.30 Uhr,
Sonn- und Feiertage geschlossen.

*Ehemalige k. k. Hofzuckerbäckerei, im
ersten Stock gelegen, mit Blick auf die
pulsierende Kärntner Straße. Neben
Kaffeespezialitäten eine Vielzahl von
Mehlspeisen und Eiskreationen sowie eine
Salatbar und warme Speisen.*

„Dieser Gerstner wird Zukunft haben"

Bei einem Zuckerbäcker auf dem Rabensteig, wo
schon 1804 Ferdinand Raimund ein lustloses Lehrlings-
dasein begonnen hatte, erlernte Anton Gerstner sein
Handwerk. 1847 gründete er am Stock-im-Eisen-Platz
seine eigene Konditorei, die er 1866 in die Kärntner
Straße 6 verlegte. 1869 gelang es dem Zuckerbäcker,
mit der eben eröffneten Hofoper einen Vertrag abzu-
schließen, und seither versorgt der „Gerstner" das dor-
tige Buffet wie auch sämtliche Opernbälle mit seinen
Erzeugnissen. 1873, im Jahr der Wiener Weltausstel-
lung, der endgültigen Schließung des Vergnügungseta-
blissements „Sperl" in der Leopoldstadt und des gewal-
tigen Börsenkrachs, wurde Anton Gerstner zum k. k.
Hofzuckerbäcker nobilitiert. Nach seinem Tod 1898
führte sein zweitältester Sohn das Unternehmen, ab
1936 dessen Sohn, alle hießen sie Anton. Die Witwe
des letzteren, Louise, leitet dann fast fünfzig Jahre lang,
bis in unsere Tage hinein, die berühmte Konditorei,
die zu Beginn der siebziger Jahre in den ersten Stock
des Hauses Kärntner Straße 15 übersiedelte und auch
dort wieder zum beliebten Treffpunkt der Wiener Gesellschaft wurde.
„Dieser Gerstner wird Zukunft haben", hatte der an-
sonsten selten optimistisch vorausblickende Kaiser
Franz Joseph vor mehr als hundert Jahren prophezeit.
Er hat recht behalten. Denn seither hat der „Gerstner"
nicht nur Zukunft, sondern auch schon eine lange, traditionsreiche Vergangenheit aufzuweisen.

HEINER

Café-Konditorei
1., Kärntner Straße 21 – 23
Tel. 512 68 63
Montag bis Samstag 7.30 – 19.30 Uhr,
Sonntag 10 – 19.30 Uhr
und
1., Wollzeile 9
Tel. 512 48 38
Montag bis Samstag 8 – 19.30 Uhr,
Sonntag 10 – 19.30 Uhr.

Zählte so wie der Demel, Gerstner und Sluka zu den traditionsreichen Wiener k. k. Hofkonditoreien – und das stellt dem einstigen Kaiserhof der Donaumonarchie kein allzu schlechtes Zeugnis aus. Das Lokal in der Kärntner Straße verfügt im Sommer über einen Gastgarten in der Fußgängerzone. Bekannt für die Diabetikermehlspeisen und die Windbäckerei für den Christbaum.

KURCAFÉ-KONDITOREI OBERLAA

1., Neuer Markt 16
Tel. 513 29 36
Montag bis Freitag 9 – 19 Uhr,
Samstag 9 – 14 Uhr,
Sonn- und Feiertage geschlossen
und
10., Favoritenstraße 90
Tel. 604 44 45
Montag bis Freitag 8.30 – 18.30 Uhr,
Samstag 8.30 – 13 Uhr,
Sonn- und Feiertage geschlossen
sowie
10., Kurbadstraße 10
Tel. 68 16 11
Dienstag bis Samstag 10 – 19 Uhr,
Sonn- und Feiertage 9 – 19 Uhr.

Die Mehlspeisen der Kurcafé-Konditorei Oberlaa haben rasch Berühmtheit im In- und Ausland erlangt. Besonderer Beliebtheit erfreuen sich die handgefertigte Confiserie, der Oberlaaer „Gupf" und der traditionelle Weihnachtsstollen.
Am Neuen Markt lädt der Garten im Sommer zum Verweilen ein.
Alle Oberlaaer Kurcafé-Konditoreien bieten neben leichten Kuchen und Torten für Kalorienbewußte eine kleine Tageskarte.

S_LUKA_

Café-Konditorei
1., Rathausplatz 8
Tel. 42 71 72
Montag bis Freitag 8–19 Uhr,
Samstag 8–17.30 Uhr,
Sonn- und Feiertage geschlossen.

*Traditionsreiche Konditorei mit
hausgemachten Torten und Bonbonnieren
aus eigener Erzeugung, Diabetiker-
Mehlspeisen, Salaten und einer
ausgesuchten Speisekarte, deren
Spannweite vom Schinkenkipferl bis zum
Filet Wellington reicht.*

Unter den Arkaden

Nachdem Parlament und Rathaus im Zuge der Ringstraßenverbauung fertiggestellt worden waren, beschloß
der Konditor Wilhelm Josef Sluka seinerseits, den
freien Zwischenraum sinnvoll zu nutzen: 1891 eröffnete er auf der Reichsratsstraße 13 (heute Rathausplatz 8)
eine Konditorei. Bereits 1898 wurden seine Produkte
auf der „II. Internationalen Kochkunst-Ausstellung" aus-
gezeichnet, und somit stand seiner Erhebung in den
Stand eines k. k. Hofzuckerbäckers nichts mehr im
Wege.
Die Hofkonditorei Sluka unter den Arkaden ist sich dieser Tradition durchaus bewußt, den Rathausmann hat
man zum Firmensignet gewählt, und zahlreiche Parla-
mentsabgeordnete geben sich täglich den Genüssen
des Lokales hin. Nur zum Burgtheater wahrt man einigen Abstand. Der Parvenü ist schließlich lediglich drei
Jahre älter als die k. u. k. Hof-Konditorei Sluka.

WIENER MUSEUMS-CAFÉS

Ein kursorischer Exkurs

Heeresgeschichtliches Museum

3., Arsenal, Objekt 18
Tel. 78 23 03/530
Samstag bis Donnerstag 10 – 16 Uhr

Kunsthallen-Café

4., Karlsplatz, Treitlstraße 2
Tel. 586 98 64
Montag bis Sonntag 10 – 2 Uhr früh

KunstHaus Wien

3., Untere Weißgärberstraße 13
Tel. 712 04 97
Montag bis Sonntag 10 – 24 Uhr

Kunsthistorisches Museum

1., Maria-Theresien-Platz
Montag bis Sonntag 10 – 17 Uhr

Museum für angewandte Kunst

1., Stubenring 5
Tel. 714 01 21
Dienstag bis Sonntag 10 – 2 Uhr früh

Museum moderner Kunst

9., Fürstengasse 1
Tel. 34 12 59/24
Mittwoch bis Montag 10 – 18 Uhr

Secessions-Beisl

1., Friedrichstraße 12
Tel. 56 93 86
Montag bis Sonntag 10 – 2 Uhr früh

Volkskundemuseum

8., Laudongasse 15 – 19
Dienstag bis Freitag 9 – 17 Uhr,
Samstag 9 – 12 Uhr, Sonntag 9 – 13 Uhr

EINE TEESCHALE
IST KEINE SCHALE TEE
UND EIN KAPUZINER
KEIN MÖNCH

Über die verschiedenen Arten,
Kaffee zu trinken

Ideal und Wirklichkeit existieren auch im Kaffeehaus mitunter als voneinander weit entfernte Pole. Der Kabarettist Heinrich Eisenbach erzählte bereits kurz nach der Jahrhundertwende folgende Anekdote: Die Szene spielt im Café Central. Es erscheinen drei Herren und nehmen an einem Tisch Platz. Erster Gast: „Sie, Jean, ich möcht eine Melange, etwas mehr braun, mit Doppelschlag, gezuckert." Zweiter Gast: „Mir bringen Sie eine Teeschale passiert und ein Sechsuhrblatt." Dritter Gast: „Bitt' Sie, ein großes Glas Gold mit Haut." Der Jean gibt die Bestellung weiter: „Rudolf, drei Melange, Fenster eins." Und damit ist schon vieles gesagt über die Wiener Kaffeehäuser, das Phantom der Ober und über die variationsreichen Kaffeezubereitungsarten.

Antworten Sie dennoch niemals auf die Frage des Obers „Was wird angenehm sein?" mit einem, den ungeübten Kaffeehausgänger verratenden, rasch hingeworfenen „Ein Kaffee!". Derartige Bestellungen waren immer schon ungewöhnlich, und wie sich Friedrich Torberg errinnerte, wäre der Gast damit schon seit jeher „ähnlichem Befremden ausgesetzt gewesen wie einer, der in einem Büro der Cunard Line den Wunsch äußern würde: Ich möchte ein Schiff!"

Da empfehlen sich also doch detailliertere Angaben.

Melange, es gibt sie bereits seit dem 17. Jahrhundert, seit die Wiener die hinterlassene Kriegsbeute der Türken als zu bitter empfanden: Eine Mischung aus etwa gleich viel Milch und Bohnenkaffee, die „mehr licht" oder „mehr dunkel" bestellt werden kann, also mit mehr oder weniger Milch beziehungsweise Schlagobers (niemals: Schlagsahne).

Daraus ergibt sich, je nach Milchmenge, eine

Schale Braun oder *Schale Gold.*

Kapuziner entsteht aus schwarzem Kaffee mit einem Schuß Milch oder „Schlag" (auch „Doppelschlag").

Franziskaner ist nicht des Kapuziners Gegenteil, sondern eine Melange, sehr licht mit Schlagobers und Schokostreusel.

Obers G'spritzt, auch als „Kaffee verkehrt" bekannt geworden, ist viel Milch mit einem Schuß Kaffee.

Schwarzer, „groß" oder „klein", ist purer Mokka ohne Milch. Im Glas und mit Schlagobers serviert, wird er zum

Einspänner, der aber keinesfalls mit dem

Fiaker verwechselt werden darf, der, ohne Obers im Glas serviert, zumeist mit Rum versetzt wird.

Konsul nennt man einen mit ein wenig kaltem Wasser gestreckten Mokka.

Obermayer ist eine Konsul-Abart, benannt nach einem Mitglied der Wiener Philharmoniker, dessen Harmoniegefühl ihm lediglich gestattete, seinen Kaffee „durch kaltes Obers" hindurch zu trinken. Nicht immer zur hellen Freude der Kaffeeküche, die das Obers so vorsichtig auf den Mokka schütten mußte, daß sich die beiden Flüssigkeiten nicht vermischten, denn sonst wäre wieder ein „Konsul" entstanden...

Die Mischung aus Kaffee und Alkohol nennt der Fachjargon *„g'spritzt".*

Mokka g'spritzt ist somit ein Schwarzer mit einem Schuß Rum; mit Cognac versetzt, wird er als
Mariloman angeboten.

Maria Theresia (der, niemals: die) besteht aus einem Mokka, versetzt mit Orangenlikör.

Mazagran nennt man einen mit Eiswürfeln gekühlten, gezuckerten Mokka, der mit Maraschino (manchmal auch mit Rum) versetzt wurde.

Türkischer, ein fein gemahlener Kaffee, mit Zucker in Kupferkännchen aufgekocht und direkt in kleine Schalen gegossen. Er kann auch „passiert" bestellt werden.

Kaisermelange, sie erinnert an den Ersten Weltkrieg, als sich anstelle der damals rationierten Milch ein Eidotter im Kaffee befand.

Teeschale Obers, das ist eine Schale Milch mit ganz wenig Kaffee, womit wir beim Größenmaß angelangt wären:

Eine *Teeschale* ist nämlich nichts anderes als eine Maßeinheit, und zwar die „oberste", wie Friedrich Torberg einmal definierte.

Nuß entspricht der Größe einer Mokkaschale.

Pikkolo füllt eineinhalb Mokkaschalen.

Portion oder Séparée, hier werden Kaffee und Milch getrennt serviert.

Anfang der fünfziger Jahre begann sich in den Wiener Kaffeehäusern der Espresso endgültig durchzusetzen und löste das bisherige, aus der altehrwürdigen „Karlsbader"-Maschine gewonnene schwarze Getränk ab. Wurde bisher der Kaffee mit heißem Wasser aufgegossen und überbrüht, so erhitzt die Espresso-Maschine das kochende Wasser zu Dampf, der dann durch den Kaffee gepreßt wird und den „Espresso" ergibt.

Mit Einführung des Espressos hat sich auch die bisher übliche Terminologie geändert: der Espresso wird *kurz* oder *gestreckt* zubereitet, je nachdem, wieviel Wasser man verwendet, und die heute gebräuchlichsten Arten sind der *Schwarze*, der *Braune* (groß, klein, kurz oder gestreckt) sowie die *Melange*. Dazu serviert wird immer ein Glas Wasser, auf dem der Kaffeelöffel liegt.

Die Zeiten, in denen man den Kaffee nach der Farbnuancierung bestellen konnte, sind endgültig dahin und mit ihnen auch der legendäre Ober Hermann aus dem Café Central, der stets eine Lackierertafel mit zwanzig numerierten Farbschattierungen mit sich herumtrug und den Gästen zur Auswahl offerierte, die dann auch seltsame Reklamationen erhoben, wie diese: „Sie, Herr Hermann, ich warte auf meinen 12er und Sie bringen ungefragt einen 7er!"

Ausgestorben sind die Ablöserechner, Zuträger und Marköre, die von der entschwundenen Sitzkassiererin kontrolliert wurden. Übriggeblieben im Zeitalter der Rationalisierung ist der Herr *Ober*, die Abkürzung für Oberkellner, womit eigentlich bereits die Rangfolge ausgedrückt ist, in der der Lehrling, der *Pikkolo*, den untersten Platz einnimmt. Gezahlt wird im Kaffeehaus nur beim Herrn Ober, doch dem Pikkolo obliegt es, im Frühjahr den *Schanigarten*, jene winterfesten Grünpflanzen von untergeordneter biologischer Bedeutung, vor die Haustüre zu tragen, um den Stammgästen zu signalisieren: der Sommer ist nicht mehr fern.

Nur noch selten auch findet man in den Kaffeehäusern das althergebrachte *Knickebein*, ein Gemisch aus Slibowitz, Kümmel und Kirsch, mit Eidotter zuoberst serviert, dessen rege Konsumation zu den namengebenden Körpererscheinungen führen kann. Auch das *Frakkerl* ist fast schon vergessen, jenes kleine Fläschchen aus geschliffenem Glas, in dem zwölf Gläser Schnaps Platz fanden und das besonders für Runden geeignet war. Heimito von Doderer hat es gern bestellt. Und da gab es noch den mit gemahlenem Kaffee bestreuten *Rittmeister*...

Doch hier befinden wir uns bereits in mehr als einer Hinsicht auf gefährlichem Gebiet. Seit Maria Theresia 1752 eine Privilegienerweiterung der Kaffeesiederkonzessionen verfügte, wurde der Grundstein für ein späteres Abgehen von der herkömmlichen Kaffeeschenke gelegt. Seither entfalteten die Cafés ein breites Angebot an Speisen und Getränken, und mit deren Aufzählung verlassen wir den ohnedies schwankenden Boden des traditionellen Wiener Kaffeehauses, wenngleich mit einigem Bedauern.

Literaturhinweise

Bachmann, Ingeborg: Malina, Roman. In: Werke, Bd. 3, München 1978

Bauernfeld, Eduard: Erinnerungen aus Alt-Wien. Linz o. J.

Baedeker, Karl: Österreich-Ungarn. Handbuch für Reisende. Leipzig 1910

Bernhard, Thomas: Holzfällen. Eine Erregung, Roman. Frankfurt/M. 1984

Bronner, Gerhard: Pizzi K.u.Kato oder Die Demelinerinnen. In: Qualtingers beste Satiren. Vom Travnicek zum Herrn Karl. Frankfurt/M. 1975

Charles, Jean: Wien und die Wiener. Stuttgart 1840

Chiavacci, Vinzenz: Wiener vom Grund. Bilder aus dem Kleinleben der Großstadt. Wien u. Teschen 1888

Cunow, Heinrich: Politische Kaffeehäuser. Berlin 1925

Doderer, Heimito von: Die Dämonen. Nach der Chronik des Sektionsrates Geyrenhoff. Roman. München 1956
   - Divertimento No VII: Die Posaunen von Jericho. In: Die Erzählungen. München 1972
   - Die Strudlhofstiege. Roman. München 1951
   - Die Wasserfälle von Slunj. Roman No 7. Erster Teil. München 1963

Dubrovic, Milan: Veruntreute Geschichte. Wien-Hamburg 1985

Ecker, Ludwig Viktor: 250 Jahre Wiener Kaffeehaus. 1683-1933. Wien 1953

Eckstein, Friedrich: „Alte unnennbare Tage!" Erinnerungen aus siebzig Lehr- und Wanderjahren. Wien-Leipzig-Zürich 1936, Reprint: Wien 1988

Eckstein, Percy: Die Schachspieler im Café Central. Die Presse, 6. 3. 1960

Eisendle, Helmut: Gedanken über Billard. Die Presse, Spectrum, 31. 12. 1988

Friedländer, Otto: Letzter Glanz der Märchenstadt. Wien 1948

Geschichte des Café Eiles. Von Friedrich Eiles seinen p. t. Gästen gewidmet. Wien 1905

Glassbrenner, Adolf: Bilder und Träume aus Wien. Leipzig 1836

Gräffer, Franz: Kleine Wiener Memoiren und Wiener Dosenstücke Hrsg. v. A. Schlossar u. G. Gugitz. 2 Bde. München 1918/1922

Gugitz, Gustav: Das Wiener Kaffeehaus. Wien 1940

Guglia, Eugen: Wien. Ein Führer durch Stadt und Umgebung. Wien 1908

Hirschfeld, Ludwig: Das Buch von Wien. (Was nicht im Baedeker steht, Bd. 2). München 1927

Höllrigl, Franz: Wiener Cicerone, I. Semester. Wien 1903

Johnston, William M.: Österreichische Kultur- und Geistesgeschichte. Wien-Köln-Graz 1974

Kesten, Hermann: Dichter im Café. Frankfurt/M.-Berlin-Wien 1983

Kraus, Karl: Die demolirte Litteratur. Wien 1897
   - Literatur oder Man wird doch da sehn. Magische Operette. Wien 1921
   - Die letzten Tage der Menschheit. Tragödie in fünf Akten. Mit Vorspiel und Epilog. Wien 1919
   - Der Löwenkopf oder Die Gefahren der Technik. In: Untergang der Welt durch schwarze Magie. Achter Bd. der Werke v. K. Kraus, hrsg. v. H. Fischer. München 1960

Kuh, Anton: Café de l'Europe. Prager Tagblatt, Jg. 43, Nr. 296, 21. 12. 1918;
   - „Central" und „Herrenhof". In: A. Kuh, Der unsterbliche Österreicher. München 1931
   - Physiognomik. Aussprüche. München 1931
   - Lenin und Demel. Aus: A. Kuh, Der unsterbliche Österreicher a. a. O.

Loos, Lina: Das Buch ohne Titel. Wien 1953

Lothar, Ernst: Das Wunder des Überlebens. Hamburg-Wien 1960

Mahler-Werfel, Alma: Mein Leben. Frankfurt/M. 1963

Malmberg, Helga: Widerhall des Herzens. München 1961

Marek, Richard: 50 Jahre Café Central. Wien 1926

Merwin, Thekla: Altes Kaffeehaus. Arbeiter-Zeitung, 18. 7. 1931

Nicolai, Friedrich: Beschreibung einer Reise durch Deutschland und die Schweiz, im Jahre 1781. Berlin u. Stettin 1783-96

Pezzl, Johann: Skizze von Wien. Ein Kultur- und Sittenbild aus der josefinischen Zeit. Hrsg. v. G. Gugitz u. A. Schlossar. Graz 1923

Polgar, Alfred: Theorie des „Café Central". In: A. Polgar, An den Rand geschrieben. Berlin 1926

Pötzl, Eduard: Das Kaffeehaus im Sommer. Aus: Wiener Skizzen. Wien 1907

Die Presse, 25. September 1993

Richter, Josef: Die Eipeldauer Briefe 1785-1797. Hrsg. v. E. v. Paunel, 2 Bde. München 1917/18

Riha, Fritz: Das alte Wiener Kaffeehaus. Salzburg 1967

Roth, Joseph: Juden auf Wanderschaft - Wien. Aus: Juden auf Wanderschaft. Die westlichen Gettos. In: J. Roth, Werke, Bd. 3, hrsg. v. H. Kesten. Köln u. Amsterdam 1975
– Zipper und sein Vater. In: J. Roth, Werke, Bd. 1, a. a. O.

Sandgruber, Roman: Bittersüße Genüsse. Kulturgeschichte der Genußmittel. Wien-Köln-Graz 1986

Scherpe, Adolf: Die Entwicklung des Wiener Kaffeehauses. Eine lokalhistorische Studie. Wien 1919

Schimmer, K. A.: Neuestes Gemälde von Wien in topographischer, statistischer, commerzieller, industriöser und artifizieller Beziehung. Wien 1837

Singer, Herta: Im Wiener Kaffeehaus. Wien 1959

Der Standard, 19. September 1993

Spiel, Hilde: Das Kaffeehaus als Weltanschauung. München 1963. Aufgenommen auch in: H. Spiel, Wien. Spektrum einer Stadt. Wien-München 1971

Spitzer, Daniel: Das Cabinet Auersperg und die Kaffeehäuser. In: D. Spitzer, Wiener Spaziergänge. Vierte Sammlung. Leipzig u. Berlin 1879

Stradal, Otto: Ein Wiener Kaffeehaus. Hrsg. u. Eigentümer: Café Landtmann. Wien 1970.

Szytta, Emil: Das Kuriositäten-Kabinett. Konstanz 1923

Torberg, Friedrich: Kaffeehaus war überall. Briefwechsel mit Käuzen und Originalen. München-Wien 1982

Vajda, Stephan: Der Stammtisch. trend Nr. 12, Dezember 1986

Veigl, Hans (Hg.): Lokale Legenden. Wiener Kaffeehausliteratur. Wien 1991

Viertel, Berthold: Dichtungen und Dokumente. Gedichte. Prosa. Autobiographische Fragmente. Hrsg. v. E. Ginsberg. München 1956

Wagner, Nike: Geist und Geschlecht. Karl Kraus und die Erotik der Wiener Moderne. Frankfurt 1987

Zweig, Stefan: Die Welt von Gestern. Stockholm 1944

2. Auflage 1994
© 1989 by Verlag Kremayr & Scheriau, Wien
Lektorat: Ilse Walter
Einbandgestaltung: Rudolf Kasparek (unter Verwendung eines Photos
von Franz Hubmann, Wien: Motiv aus dem Café Hawelka)
Zeichnung auf Seite 41: Carl Josef
Satz: datacon, Wien
Druck und Bindung: Wiener Verlag, Himberg bei Wien
ISBN 3-218-00587-6